자기에게 돌아오라

춘식春植 스님 불이不二 법문

자기에게 돌아오라

춘식 스님 감수 | 원명圓明 심성일 엮음

침묵의 향기

귀의(歸依) 삼보(三寶) 하옵고.

내 나이 어언 칠십(七十)이요, 출가한 지 오십(五十)여 년이라, 나의 애제(愛弟) 심 선생이 내가 틈틈이 이야기한 것을 한 권의 책으로 묶어 들고 와 보이니, 이것은 우리가 불법(佛法)을 공부하여 견성성불(見性成佛)하는 데 도움이 될까 해서 한 이야기이다. 부처님께서도 한 말씀도 하지 아니하였다 하셨으니, 내가 무슨 이야기를 한 바 있으리오.

부처님께서 『금강경』에 "삼세(三世)의 여래(如來)와 그 법(法)이 이 경(經)에서 나온다." 하셨으니, 이 경은 무엇인가? 삼세의 부처님과 불법이 다 나의 견성성불, 오직 이 하나의 진실한 법을 이야기하셨고, 이 우주(宇宙) 유정(有情) 무정(無情)이 다 나의 견성성불을 말할 뿐이다. 오직 이 하나의 일이 진실함이요, 다른 것이 아니다. 조주 선사께서 말씀하시기를, "만법이 하나로 돌아가는데〔萬法歸一〕하나는 어디로 갔는고〔一歸何處〕?" 하셨다.

이렇게 갈 줄을 아는데 어찌 돌아오는 것을 걱정하리오. 달마(達磨)대사가 송(頌)하셨다.

吾本來此土 내가 이 땅에 온 것은
傳法救迷情 법을 전해서 미혹함을 구제하기 위함이다.
一花開五葉 한 꽃에 다섯 잎이 열리니
結果自然成 결과가 자연히 이루어지리라.

모름지기 참으로 자기가 견성성불하여 생사윤회(生死輪廻)의 업(業)에서 자기를 스스로 구제하기를 바라는 원력(願力)에서 하는 간절한 이야기일 뿐이다. 법문(法門)의 우열(愚劣)을 논함을 떠나서 그 마음의 뜻을 알아 스스로 견성성불하기 바란다.

갑오년(2014년) 봄
우납(愚衲) 춘식(春植) 삼가 쓰다.

| 엮은이 서문 |

　부산 금정산 광명봉 아래 대덕사(大德寺)란 작은 절에 주석하고
계신 춘식(春植) 스님을 처음 뵙게 된 것은 2011년 가을이었다.
아무도 찾아오는 이가 없는 도심 변두리 작은 사찰의 이름 없는
스님을 숙세의 인연인지 매주 찾아뵙고 법문을 들을 기회가 있었
다. 한 주, 한 주 법문을 들을 때마다 삼복 무더위에 가슴속까지
시원한 샘물을 들이킨 것 같은 기분을 느낀 것이 한두 번이 아니
었다. 법문을 듣고 집으로 돌아오면서 이 귀중한 법문을 잊어버
릴까 기억나는 대로 적어 두다가 나중엔 스님의 허락을 받아 녹
음을 하였다.
　개인적으로 스님을 찾아뵙기 10년 전쯤 이 현상세계의 비밀을
얼핏 본 경험이 있었으나 그것이 무엇인지 확연하지 않은 채 혼
자 암중모색을 하고 있었다. 그러던 것이 만법이 모두 자기 한 사
람의 꿈일 뿐이란 스님의 법문에 팽팽하게 부풀어 오른 고무풍선

이 펑 터지듯 안팎이 저절로 한 덩어리가 되었다. 본래 둘이 아니었는데 나도 모르게 나(我)와 법(法), 둘로 나누어 놓고 있었단 사실을 깨닫게 되었던 것이다. 꿈속의 모든 것이 꿈 자체이듯, 주관과 객관, 무명과 깨달음, 중생과 부처가 다른 물건이 아니었다.

스님의 가르침을 받은 지 햇수로 3년이 되어 가지만 스님에 대해선 여전히 아는 것이 별로 없다. 스님께서도 말씀하지 않으셨지만, 언젠가 때가 되면 말씀해 주시리라 생각하면서 나도 묻지 않았다. 내가 아는 것이라곤 10대 후반에 『육조단경』을 읽고 발심 출가하시어, 근세의 숨은 도인(道人)으로 추앙받던 설봉학몽(雪峰鶴夢) 대선사님과 그분의 법제자이신 금산지원(金山智源) 선사님의 뒤를 이으셨다는 사실뿐이다. 실제로 중요한 것은 지금 이 눈앞의 사실에 한 점 의혹이 없느냐 하는 것이지 헛된 이름에 불과한 계보와 법맥이 아닐 것이다.

육조 스님의 법문을 모으고 기록한 법해나, 황벽 스님의 가르침을 엮어 세상에 알린 배휴와 같은 이들이 없었더라면, 뒷사람들이 어찌 그분들의 고준한 법문과 가르침을 접할 수 있었겠는가. 비록 그들과 같은 안목과 재주는 없지만 오직 둘 아닌 진실만을 올곧게 가리키는 스님의 법문이 세상에 알려지지도 못하고 사라질까 두려워 부끄러움을 돌아보지 않았다. 배움이 짧고 문장이 비루하여 스님의 법문을 글로 옮기는 과정에서 본의 아닌 과오를 범했을지도 모르겠다. 모든 허물은 엮은이의 몫이니 강호제현과

눈 밝은 공부인들의 따가운 경책을 바란다.

갑오년 원단(元旦)

부산 금정산 계명봉 타몽재(打蒙齋)에서

원명(圓明) 심성일 삼가 쓰다

차례

01
한 물건과 대통지승불

한가한 일요일 오전, 대덕사에 계신 춘식 스님을 찾아뵈었다. 삼배를 드리고 나서 다관을 정리하여 차를 우렸다. 마침 어느 신도가 가져온 어느 선사의 법문 테이프가 녹음기에서 흘러나오고 있었다. 남악회양 선사가 육조혜능을 찾아뵙자, 육조께서 회양에게 "어떤 물건이 이렇게 왔느냐?"라고 묻는 대목에 이르자 스님께서 갑자기 물으셨다.

"육조 스님이 남악 선사가 아닌 심 처사에게 '어떤 물건이 이렇게 왔느냐?'라고 물었다면 어찌하겠는가?"

말이 떨어지자마자 나는 이렇게 말씀을 올렸다.

"스님, 일단 차부터 한 잔 드시지요."

스님께선 미소를 지으시며 잠시 말없이 계셨다. 그러고는 낙초

자비(落草慈悲)[1]로 옛사람들의 기연(機緣)[2]이나 공안(公案)[3], 어록(語錄)을 읽을 때 마치 그러한 옛사람들이 실제로 있는 줄로 알고 그들이 주고받은 이런저런 말마디에 끌려가는 것은 참다운 공부가 아님을 다시 일러 주셨다. 스님께서 늘 자기 이외에는 아무것도 없다는 것을 강조하신다. 모든 것이 자기이기 때문에 다른 것은 있을 수 없다는 것이다. 오직 자기만 있다면 문제될 것이 뭐가 있겠는가? "어떤 물건이 이렇게 왔느냐?"란 말 아래 바로 깨달을 일이지 거기에 이런저런 지저분한 것이 달라붙어서는 안 된다 하셨다.

이런저런 말씀이 이어진 다음, 문득 『임제록』에서 임제 스님에게 어떤 스님이 "대통지승불(大通智勝佛)이 십 겁(劫) 동안 도량(道場)에 앉아 있었지만 불법이 앞에 나타나지 않았다는 뜻이 무엇이냐?"라고 물었는데 그것을 어찌 이해하느냐 물으셨다. 나는 다음과 같이 말씀드렸다.

"부처가 다시 부처를 보지 못하기 때문입니다."

---

1) 아직 깨닫지 못한 사람을 위해 자세하게 설명을 베풀어 주는 것.
2) 가르침을 주고받게 된 스승과 제자의 인연.
3) 깨달음을 구하기 위해 참선하는 수행자에게 해결해야 할 과제로 제기되는 부처나 조사의 파격적인 문답 또는 언행(言行). 큰 의심을 일으키게 하는 부처나 조사의 역설적인 말이나 문답. 공안은 원래 공부(公府)의 안독(案牘), 곧 백성이 따라야 할 국가의 공문서(公文書)라는 뜻으로, 부처나 조사의 문답 또는 언행은 참선하는 수행자에게 가장 중요한 본보기이므로 이와 같이 말함.

(대통지승불뿐만 아니라 삼라만상 하나하나가 이미 성불해 있어 다시 다른 부처나 불법을 얻거나 볼 수 없다는 뜻으로.)

그러자 스님께선 즉각 꿰뚫어 보시고는 그렇게 해서는 안목이 바르다 할 수 없다고 한 방망이를 내리셨다. 그러고는 『무문관』의 공안을 들어 말씀하셨다.

흥양 양 화상에게 어떤 승려가 물었다.

"대통지승불이 십 겁 동안 도량에 앉았어도 불법이 앞에 드러나지 않아서 불도를 이룰 수 없었다는데, 이러할 때는 어떻습니까?"

양 화상이 말했다.

"그 질문이 매우 합당하구나!"

승려가 말했다.

"이미 도량에 앉았는데 어째서 불도를 이룰 수 없었습니까?"

양 화상이 말했다.

"그가 부처를 이루지 않았기 때문이다."

양 화상이 승려의 물음에 "그 질문이 매우 합당하다."라고 한 대목을 잘 보아야 한다고 하셨다. 승려가 다시 묻자 양 화상이 "그가 부처를 이루지 않았기 때문이다."라는 대목을 풀어서 말씀하시기를, 성불은 석가모니의 성불도, 아미타불, 미륵불, 대통지승불의 성불도 참 성불이 아니라, 바로 본인 자신만의 성불이 참 성불이라 이르셨다. 묻는 사람 스스로가 성불하지 못하면 불법이 눈앞에 드러나지 않는다는 말씀이셨다. 모든 것이 자신이 스스로의 성품을 바로 보는 견성(見性)에 달렸다는 간곡한 말씀이 있으셨다. 실제로 견성하여 자신이 안목이 밝아야지, 이런저런 말마디는 아무짝에 쓸모없다고 다시 한 번 강조하셨다.

이후 무릇 공부를 철두철미하고 자세하게 해 나갈 것을 당부하셨다. 평소 스스로의 공부에 대해 막힌 것을 묻고 자비로운 가르침을 받았다. 그러고는 절 뒤편으로 스님을 모시고 잠시 산책을 갔다가 함께 냉면 공양을 하고 일주문 밖을 나섰다.

02
어떻게 보임해야 합니까?

토요일이면 어김없이 대덕사를 찾아 스님의 가르침을 받는다.
오늘은 우연히 귀종 선사와 어떤 승려와의 기연을 들어 법담(法
談)을 나누게 되었다.

어떤 스님이 귀종 선사에게 물었다.

"무엇이 부처입니까?"

선사가 대답하였다.

"내가 지금 그대에게 말해 주기란 어렵지 않지만 혹시 그대가
믿지 않을까 염려스럽소."

"스님의 진실한 말씀을 어찌 감히 믿지 않겠습니까?"

"그대가 바로 부처다."

스님이 되물었다.

"그렇다면 어떻게 보임(保任)[4]해야 하겠습니까?"

"한 티끌이 눈에 있음에 허공 꽃이 어지럽게 떨어진다."

그 스님은 이 말을 듣고 크게 깨달았다.

여기서 "어떻게 보임해야 하느냐?"라는 승려의 질문에, 귀종 선사는 "한 티끌이 눈에 있음에 허공 꽃이 어지럽게 떨어진다."라고 답했는데, 이것을 어떻게 생각하느냐고 스님께서 물으셨다.

나는 한 생각이라도(아무리 그럴듯한 견해라도) 있으면 곧 어지러운 분별에 떨어진다는 뜻이라 말씀드렸더니, 스님께선 여지없이 아니라 하셨다. 낙처(落處)[5]를 잘못 알았다는 말씀이셨다.

어째서 그러냐는 질문에 이런저런 가르침을 주셨는데 요지는 '보임할 것이 따로 없다'는 뜻이었다. 스님의 친절한 가르침에 나의 실수를 알아차릴 수 있었다. 여전히 말과 글의 뜻(생각과 분별)에 끌려 다니는 나 자신을 발견한 것이다. 늘 깨어 있지 못하고 무심결에 뜻을 따라갔던 것이다.

"한 티끌이 눈에 있음에 허공 꽃이 어지럽게 떨어진다."

---

4) 보림이라고도 한다. 보임은 보호임지(保護任持)의 준말로서 '찾은 본성을 잘 보호하여 지킨다'는 뜻이다.
5) 화두의 귀결점. 궁극적으로 가리키고자 하는 것. 핵심.

여기에서 분명해야 더 이상 보임할 것이 없는 것이다. 하하하!

03

밤에 다니는 것을 허락하지 않는다

태풍이 지나가던 날, 오후에 시간이 나서 대덕사 스님을 찾아 뵈었다. 한 잔의 차를 사이에 두고 스님의 가르침을 들었다.

늘 하시는 말씀이시지만, 오직 견성할 것에 대한 당부셨다. 견성이 바로 보임이고, 보임이 바로 견성이라고 하시면서, 한 치도 남은 것이 없는 철저한 견성을 당부하셨다.

견성 후에 보임한다는 것, 오후(悟後) 수행은 따로 닦아야 할 무엇이 있다는 것이 결코 아니라는 말씀이 있으셨다. 오직 견성 자리를 놓치지 않는 것, 그것이 오후 보임이요, 향상일로(向上一路)[6], 돈오점수(頓悟漸修)[7]이자 돈오돈수(頓悟頓修)[8]라 하셨다. 대화 중

---

6) '위로 향하는 유일한 길'이라는 뜻으로 절대의 모습, 근본 원인 등 다양하게 풀이된다. 1,000명의 성인도 전할 수 없으며 언어와 생각이 미치지 못하는 최상의 경지를 의미한다. 종문(宗門)의 최종 목적지를 가리키는 말이기도 하다.

에 투자대동 선사의 일화를 들어 말씀하셨다.

　조주 스님이 투자 스님에게 물었다.
　"크게 죽었던 사람이 다시 살아났을 때는 어떠합니까?"
　투자 스님이 말했다.
　"밤에 다니는 것을 허락지 않으니 날이 밝으면 다니시오."

　평상시에도 '이뭣고'를 놓치지 말라 하시면서, 여기서의 '이뭣
고'는 입으로, 생각으로 하는 '이뭣고'가 아니라 하셨다. 늘 깨어
있으라는 뜻이셨다. 설봉(雪峰)[9] 큰스님께서도 견성한 도인은 늘

---

7) 돈오(頓悟)는 '단번에 깨달음'을 뜻하는 말로, 그 수행과 깨달음에 있어서 깨달음이
　먼저냐 수행이 먼저냐의 두 가지로 나뉜다. 돈오점수는 깨달음이 수행에 우선한다
　는 선오후수(先悟後修)의 입장을 나타내며, 고려 시대의 지눌에게 영향을 주었다.
　지눌도 깨달음이 없는 수행은 참된 수행이 아니라 하여 깨달음 후의 점진적인 수행
　을 중시하였고, 깨우치지 못한 채 수행만 쌓는 것은 참된 수행이 아니라고 보았다.
8) '단박에 깨치고 단박에 닦는다'라는 뜻으로, 단박에 깨쳐서 구경각(究竟覺; 궁극적
　이고 완전한 지혜를 얻는 경지)에 이름으로써 더 이상 수행할 것이 없는 경지에 도
　달하는 것이다. 이는 중국 선종의 육조혜능의 가르침 속에 언급되었으며, 한국 현
　대불교에 큰 자취를 남긴 성철이 돈오점수를 반박하며 제기함으로써 큰 논쟁을 일
　으켰다. 고려시대 지눌 이래 한국불교 수행법의 주류로 이어져 온 돈오점수는 단
　박에 깨친다는 점에서는 돈오돈수와 같지만, 깨치고 나서도 점진적으로 수행하여
　야 깨침의 경지를 유지할 수 있다는 입장이다. 이에 대하여 돈오돈수는 깨치고 난
　뒤에도 더 수행할 것이 남아 있다면 진정으로 깨치지 못한 것이라는 입장이다.
9) 만공 스님의 법을 이은 근세의 선지식으로 춘식 스님은 설봉 스님의 손상좌가 되
　신다.

공관(空觀)[10]을 한다 하셨다고 전해 주셨다. 인사를 드리고 나올 쯤, 문득 공안 하나를 들어 말씀하셨다.

남전이 어느 날 소를 끌고 법당을 도는데, 수좌가 소 등을 한 번 때리니 선사가 그만두었다.
이에 조주가 풀 한 묶음을 갖다가 수좌 앞에 놓았다.

여기에서 조주가 수좌 앞에 풀 한 묶음을 갖다 놓은 뜻이 무엇인지 즉각 꿰뚫어 보는 안목이 있어야 한다 말씀하셨다.
그때, 마침 스님께서 우리 집 딸아이들 갖다 주라고 주신 과자가 있어 스님 앞에 내밀어 놓으려다 그만두고는 삼배를 드리고 나왔다.

다만 이쁜인 것을….

대덕사 산문을 나서니 태풍은 멀리 지나가고, 건너편 산이 구름을 벗어나고 있었다.

---

10) 우주의 수많은 현상은 모두 인연에 따라 생긴 것으로, 그 실체가 없고 자성(自性)이 없는 것이라고 보는 것.

04
무유정법

　보름 만에 스님을 뵈러 대덕사에 올라갔다. 완연한 가을, 하늘은 청명하고 대기는 서늘하다. 일전에 제주도 여행 기념으로 갖다 드린 백련초 차를 놓고 스님의 법문을 들었다.

　스님께선 『금강경』에 '불법은 무유정법(無有定法)[11]'이라 했는데 그것을 어떻게 이해하느냐고 물으셨다.
　나는 따로 얻을 만한 한 법도 없다고 말씀드렸다.
　(손가락 하나를 들어 보일 수도 있었지만.)

　스님께선 불법에는 사실 불법이랄 것이 없다는 말씀으로 법문을 이어 가셨다. 온 우주 전체가 다만 하나의 마음이어서 둘이 아니기에 다른 것이 조금이라도 있을 수 없다는 취지의 말씀이셨

———————————
11) 정해진 법이 없다는 뜻.

다. 『선문촬요(禪門撮要)』를 꺼내셔서 「달마혈맥론」의 첫 구절, "삼계(三界)가 어지럽게 일어나지만 함께 한 마음으로 돌아간다."를 한 글자 한 글자 짚어 가시면서 친절하게 말씀해 주셨다.

　견성 후의 보임 문제에 관해서도 자세한 말씀이 있으셨다. 흔히 돈수와 점수의 문제인데, 미진처가 남아 있을 때까지는 궁극적인 성불, 완전한 견성이라 할 수 없음을 강조하셨다. 여전히 닦아서 완성한다는 망상이 남아 있는 한 공부를 계속해야 한다 하셨다. 이 공부는 반드시 끝이 있다 하시면서 공부를 온전히 해 마칠 것을 당부하셨다. 선정(禪定)[12]에 치우치는 문제에 대해서도 언급하시면서 선정과 해탈(解脫)을 논하지 않고 오직 견성만을, 철저한 불이(不二)[13]만을 강조하셨다.

　『임제록』의 "만약 참으로 도를 배우는 사람이라면 세간의 허물을 구할 것이 아니라, 참되고 바른 견해를 구하는 것이 가장 시급하다. 참되고 바른 견해에 통달하여 두루 밝게 되어야 비로소 끝마치는 것이다."라는 구절을 언급하시면서 올바른 안목을 갖출 것을 당부하셨다. 『사명대사』란 소설에 나온 한 대목도 들려주셨는데, 아마 소설가가 낭야혜각 선사의 이야기를 따온 듯하다.

---

12) 신체를 안전하게 유지하고 조용하게 인간 본래의 모습을 명상하는 것, 마음을 하나로 집중시켜서 동요시키지 않는 것.
13) 현실세계는 여러 가지 사물이 서로 대립되어 존재하는 것처럼 보여도, 사실은 모두 고정되고 독립된 어떤 실체가 있는 것이 아니고, 근본은 하나라는 것.

사명대사가 승려가 되기 위한 시험을 치를 때 시험관인 보우 선사가 물었다.

"본연청정(本然淸淨)한데 어찌 산하대지가 생겨났는가?"

그러자 사명대사가 주저하지 않고 이렇게 말했다 한다.

"본연청정하거늘 어찌 산하대지가 생겨났겠습니까?"

이어서 남전 스님과 육긍대부의 이야기를 들려주셨다.

육긍대부가 남전 스님에게 물었다.

"천지는 나와 한 뿌리며, 만물은 나와 한 몸이라고 했는데, 이해하기 어렵습니다."

남전 스님이 뜨락에 핀 꽃을 가리키며 말했다.

"요즘 사람들은 이 한 포기의 꽃을 마치 꿈결에 보는 것과 같이 하느니라."

여기에 대해 설두 스님이 송(頌) 하기를, "듣고 보고 느끼고 아는 것이 따로따로가 아니다."라고 하였다. 꿈속에서 나와 너, 모든 사물과 세계가 다른 물건이 아니듯, 지금 눈앞의 두두물물(頭頭物物) 역시 또 다른 물건이 아니다.

스님께선 『금강경』의 마지막 사구게(四句偈), "모든 함이 있는 법은 꿈 같고 환상 같고 이슬 같고 번갯불과 같으니, 마땅히 이와

같이 관(觀)할지니라(一切有爲法 如夢幻泡影 如露亦如電 應作如是
觀)."를 읊어 주시면서 이와 같은 공관(空觀)을 해 나가라 하셨다.
작은 것에 만족하지 말고 어떻게든 금생에 공부를 해 마칠 것을
거듭 당부하셨다. 2시간 넘게 불법의 골수를 전해 주시려는 노스
님의 낙초자비에 코끝이 찡했다.

  점심 공양을 하고, 초하루 법회 때 쓰실 과일을 준비하기 위해
시장에 가시는 길을 따라 나섰다. 일흔을 바라보는 나이에 사과
와 배를 사서 등짐 지시면서도 당신이 이렇게 직접 장에서 사 가
면 단돈 얼마라도 절약할 수 있다 하신다. 시장 아낙네와 흥정하
시는 그 모습, 장삼 등허리에 땀을 적시면서 등짐을 지시는 그 모
습에 거룩한 불법이 그대로 살아 있음을 보았다.

05
소승과 대승

어느새 초겨울 날씨다. 서늘한 기운이 감도는 대덕사 경내로 올라가는데, 그 어느 때보다도 마음이 맑고 고요하다. 법당에 들러 삼배하고 다시 스님께 삼배를 올렸다. 스님께서 권해 주신 시큼한 산수유차를 마시며 이런저런 이야기를 나누었다.

그러다 스님께서 물으셨다.

"심 처사는 소승(小乘)과 대승(大乘)을 어떻게 생각하는고?"

법담을 나누자는 뜻은 아니신 듯하여 생각나는 대로, "소승과 대승도 분별일 뿐입니다만, 일반적인 견해로는 소승은 아공(我空)[14]까지는 말하나 대승은 법공(法空)[15]까지 말함으로써 그 씀에

---

14) 인간은 오온(五蘊)의 일시적인 화합에 지나지 않으므로 거기에 불변하는 자아(自我)라는 실체가 없음.

15) 모든 현상은 여러 인연의 일시적인 화합에 지나지 않으므로 거기에 불변하는 실

차이가 있습니다."라고 말씀드렸다.

  스님께서 대답을 들으시고는, 당신의 견해를 들려주셨다. 소승과 대승도 방편일 뿐 오직 일불승(一佛乘)[16]만이 있다 하셨다. 지금 바로 이것인 일불승을 알려 주시기 위해 방편으로 부처님께서 소승의 법과 대승의 법을 말씀하셨는데, 소승의 법은 뭔가 얻는 바가 있는 수행을 가리킨다는 말씀이다. 대승에서 법을 가르치는 방법으로 『금강경』 32분에 "수보리여, 만약 어떤 사람이 무량 아승지 세계를 칠보로 가득 채워 보시한다고 하더라도, 만약 보살심을 발한 선남자 선여인이 있어서 이 경전을 받아 지녀 독송(讀誦)하고 남을 위해서 설한다면 그 복덕이 저 복보다 나으리라. 사람들을 위해 어떻게 연설할 것인가? 모양에 집착하지 아니하며 여여(如如)하여 동요함이 없느니라."라고 밝혀 놓았듯, '불취어상(不取於相) 여여부동(如如不動)'해야 한다고 하셨다.

  『염송(拈頌)』에 있는 연화색 비구니 이야기도 해주셨다.

    세존이 90일 동안 도리천에서 어머니를 위하여 법을 설한 뒤

체가 없음. 현상을 구성하는 요소에 불변하는 실체가 없음.
16) 일반적으로는 부처의 경지에 이르게 하는 오직 하나의 궁극적인 가르침, 모든 중생을 성불하게 하는 부처의 유일한 가르침이라는 뜻이나 여기서는 모든 것이 오직 하나의 부처, 자기뿐이라는 의미로 사용된다.

하늘나라에 작별을 고하고 아래로 내려올 때가 되자, 사부대중 (四部大衆)과 팔부귀중(八部鬼衆)이 모두 공계(空界)로 가서 세존을 영접하였다. 그때 연화색 비구니는 이렇게 생각하였다.

"나는 비구니의 몸이므로 반드시 비구의 뒤에서 부처님을 보아야 할 것이다. 그러니 신통력을 써서 전륜성왕으로 모습을 바꾸어 일 천 명의 왕자들에게 에워싸여 가장 먼저 부처님을 보는 것이 좋겠다."

결국 그 소원을 이루었는데, 세존은 그를 보자마자 꾸짖고 말했다.

"연화색 비구니야! 너는 어찌하여 비구를 뛰어넘어 나를 만나느냐? 네가 비록 나의 육신(肉身)을 만나 보았지만 나의 법신(法身)을 만나 보지는 못했다. 그러나 수보리는 바위굴 가운데 편안히 앉아 있지만, 도리어 나의 법신을 본다."

오직 일불승, 마음 하나만 있을 뿐 다른 물건은 있을 수 없다 하시면서 "같은 구덩이에 다른 흙이 있을 수 없다(同坑無異土)."란 말씀을 은법사(恩法師)셨던 금산(金山)[17] 큰스님께서도 자주 하셨다고 전해 주셨다. 그리고 예전 설봉 큰스님을 모실 적에 화두 받으신 이야기도 들려주셨다.

---

17) 금산 황지원(黃智源) 스님. 설봉 큰스님의 법을 잇고 대덕사를 창건하셨다.

설봉 큰스님이 서울 대각사에 계실 때 찾아뵈었더니 요새 무슨 화두를 하고 있느냐 물으시기에, '이뭣고'를 하고 있다고 말씀드리니까, '마삼근(麻三斤)'[18] 화두를 참구하라 하시기에 그날부터 '마삼근' 화두를 하셨다고 한다.

며칠 지나 설봉 큰스님이 부르셔서 가 보니, 요새 화두를 어떻게 챙기고 있느냐 물으셨단다. 그래서 "부처를 묻자 '마삼근'이라 하였다는데, 어째서 부처가 '마삼근'인가?" 이렇게 의심하고 있다고 대답하셨다 한다. 그러자 설봉 큰스님께서 "내 그럴 줄 알았다." 하시며, "'마삼근'이 어찌 부처일 리 있겠느냐?" 하고 꾸짖으셨다는 말씀을 전해 주셨다.

눈 밝은 이는 알아차렸기를 바란다.

---

18) 중국 운문종의 동산 선사에게 어떤 중이 "무엇이 부처입니까?"라고 물으니, 동산이 "마삼근이다."라고 답했다는 화두.

06
종소리에 깨치면 북소리에 거꾸러진다

제법 초겨울 분위기가 나는 을씨년스러운 날씨에 스님을 찾아 뵈었다. 스님 계신 삼광전(三光殿) 앞 오동나무도 노랗게 물든 이 파리들을 한 잎 두 잎 모두 근원으로 돌려보내고 있었다.

다관에 차를 우리고 마주 앉자 스님께선 이 공부 길에서 사람 만나기의 어려움을 이야기하셨다. 삼광전 기둥 주련에 걸린 설봉 노스님 게송에도, "옛날과 지금 세상에 장부들은 많건만(古今天下 丈夫多), 도를 묻고 선을 배우는 이는 채 세 명도 되지 않네(問道 學禪未作三)."라고 되어 있다. 일단 눈 밝은 선지식 만나기도 어렵 거니와, 이 공부에 진정 발심한 공부인을 만나기는 더더욱 어렵 다. 그래서인지 매주 꾸역꾸역 찾아와 법을 묻는 이 사람을 어여 삐 여기셔서 오늘따라 어린 손자를 걱정하는 할미의 심정으로 법 문이 더욱 장광설이 되어 갔다.

특히 실제로 이 공부를 하기보다는 학문적 이해나 생각을 통해 선(禪)을 연구하는 태도를 극히 경계하라 하셨다. 설봉 노스님께서도, "한가한 학문의 알음알이를 가지고 조사의 뜻을 매몰시키지 말라(莫將閑學解 埋沒祖師意)."는 말씀을 남기셨다 신신당부하신다. 견성에 있어서도 그저 법신경계(法身境界)를 보았거나 무정설법(無情說法)을 알아듣는 수준에서 멈추지 말라는 말씀을 하시면서 동산(洞山) 스님의 일화를 들려주셨다.

동산 스님이 평소 남양혜충 국사의 무정(無情)[19]이 설법한다는 말에 의심을 품고 있다가 위산 스님에게 물었으나 계합하지 못하고, 운암 스님이란 분을 찾아가 물었다.

"무정의 설법을 어떤 사람이 듣는지요?"

"무정이 듣지."

"스님께서도 듣는지요?"

"내가 듣는다면 그대가 나의 설법을 듣지 못한다."

"저는 무엇 때문에 듣지 못합니까?"

운암 스님이 불자(拂子)를 일으켜 세우더니 말하였다.

"듣느냐?"

"듣지 못합니다."

"내가 하는 설법도 듣지 못하는데 하물며 무정의 설법을 어찌

19) 감정이 없는 초목 · 산하 · 대지 등을 말한다.

듣겠느냐?"

"무정의 설법은 어느 경전의 가르침에 해당하는지요?"

"보지도 못했는가? 『아미타경』에서 '물과 새와 나무숲이 모두 부처님을 생각하고 법을 생각한다.'라고 했던 말을!"

동산 스님은 여기서 깨친 바 있어 게송을 지었다.

신통하구나, 신통해!

무정의 설법은 불가사의하여

귀로 들으면 끝내 알기 어렵고

눈으로 들어야만 바야흐로 알 수 있네.

나중에 운암 스님과 헤어질 때 동산 스님이 다시 물었다.

"돌아가신 뒤에 홀연히 어떤 사람이 스님의 참모습을 찾는다면 어떻게 대꾸할까요?"

운암 스님은 한참 말없이 있다가 입을 열었다.

"그저 이것뿐이라네."

동산 스님이 잠자코 있자 운암 스님이 말했다.

"양개 화상! 이 깨치는 일은 정말로 자세하게 살펴야 한다."

동산 스님은 그때까지도 의심을 하다가 그 뒤 물을 건너면서 그림자를 보고 앞의 종지를 크게 깨닫고는 게송을 지었다.

아예 그를 따라 찾지 말지니
자기와는 점점 멀어질 뿐이다.
내 이제 홀로 가나니
가는 곳마다 그를 만나네.
그는 지금 바로 나이나
나는 지금 그가 아니라네.
모름지기 이렇게 알아야만
여여(如如)에 계합하리라.

무정설법에서 깨친 바가 있던 동산 스님도 운암 스님의 "그저 이것뿐!"이란 말을 알아듣지 못했던 것이다. 정말 이 공부에서는 철저하게 깨치는 것이 중요하다고 스님은 재삼 당부하셨다.

"내 이제 홀로 가나니
가는 곳마다 그를 만나네"
곧 오직 이것 하나뿐(나 하나뿐)임을 깨치면 곳곳에서 '그(이것)'를 확인한다는 말이며,

"그는 지금 바로 나이나"
'그(이것)'가 바로 '나 자신'이지만,

"나는 지금 그가 아니라네."

'그(이것)'란 것도 따로 세우면 어긋나 여여(如如)하지 못하게 된다 이르셨다.

이어 자장 율사가 중국 오대산에서 문수보살에게 받은 게송 이야기를 해주셨다.

　了知一切法 일체법을 요달해 알면
　自性無所有 자성이 있는 바 없네.
　如是解法性 이처럼 법성을 알면
　卽見盧思那 곧 노사불을 보리라.

일체 만법이 실제로 있는 것이 아니니, 이와 같이 깨달아야 부처를 볼 수 있다는 말씀이셨다.

함께 점심 공양을 하면서 평소 『육조단경』 가운데 의심나던 구절이 있어 물었다.

"『육조단경』「반야품」에 '한 생각이 어리석으면 반야가 끊어지고, 한 생각이 지혜로우면 반야가 생긴다.'라는 구절이 아무리 방편의 말씀이라 하더라도 허물이 있다고 생각합니다. 어찌 반야가 어리석다고 끊어지고, 지혜롭다고 다시 생기겠습니까? 이것은 이

법(二法)이 아니겠습니까?"

그러자 스님께서 말씀하셨다.

"그런 말은 깨친 사람 입장에서는 맞는 말이다." 하시면서, 올바른 지견일지라도 그것을 지켜서는 안 된다는 가르침을 주셨다. "종소리에 깨치면 북소리에 거꾸러진다."라는 말이 바로 그런 말이라 하셨다. 그러면서 그렇게 의심나는 것을 묻는 것이 곧 탁마라 하시면서 육조 스님의 말씀은 오직 스스로 견성하는 것을 가리켜 보일 뿐이라 하셨다. 스스로 어리석으면 반야가 끊어지는 것처럼, 없는 것처럼 여겨지나, 스스로 지혜로우면, 깨닫게 되면, 반야가 늘 생겨난다고 풀이해 주셨다. 오직 스스로의 안목이 어리석으냐, 지혜로우냐의 문제이지 반야가 끊어지고 생겨나는 문제가 아니라 일러 주셨다.

"길에서 검객을 만나면 칼을 바치고, 시인이 아니면 시를 바치지 말라."는 말처럼 사람의 근기에 따라 설법도 달라져야 한다 하시며 은근히 지음(知音; 마음이 통하는 사람)을 만난 듯한 기쁨을 내보이셨다. 나 또한 '이 일'을 이처럼 소상히 일러 주시는 선지식을 가까이 할 수 있다는 환희심과 입이 쓰도록 간절하게 당부하시는 가르침에 초겨울의 싸늘한 바람이 따스한 5월 훈풍처럼 느껴졌다. 참으로 사람 만나기 어려운 것이 이 공부다.

07
일대사인연

모든 것이 서서히 잿빛으로 변해 가는 초겨울, 다시 대덕사 삼광전 스님 처소에 들렀다. 스님께서 내주신 아몬드와 호두를 먹으며 마침 어느 불교 방송에서 하는 모 큰스님의 『서장(書狀)』 법문을 잠시 시청했다.

부처님이 이 세상에 오신 이유는 일대사인연(一大事因緣) 때문이라는 말씀으로 스님의 법문이 시작되었다. 불법을 열어(開), 보이고(示), 깨달아(悟), 들어오게(入) 하기 위해서 세상에 출현하셨단 말씀이다. 그런데 누구를 위해 개시오입(開示悟入) 하는 것이냐 하면, 중생들을 위한 것이 아니라, 바로 나 자신을 위해 부처님께서 개시오입 한 것이란 사실을 명심해야 한다고 이르셨다. 많은 사람들이 자기 자신은 빼놓고 불법을 이야기하는 것을 당신께서는 도통 이해할 수 없다고 하셨다. 그리고 비록 방편설이라고는 하나 여러 가지 개념으로 불법을 더욱 어렵게 만드는 풍토에 대해서도 개탄하셨다.

그러시며 황벽 선사와 임제 선사의 인연을 말씀해 주셨다.

임제 선사가 황벽 스님에게 불법이 무엇인지 물을 때마다 황벽 선사는 바로 몽둥이로 수차례 때렸다. 그러기를 세 번이나 하자 임제 선사가 황벽 스님 곁을 떠나려 하였다. 목주도명 상좌의 도움으로, 하직 인사를 드리러 간 임제 선사에게 황벽 스님은 대우 화상을 찾아가란 명을 내린다. 임제 선사는 대우 선사를 찾아가, 도대체 자신에게 무슨 허물이 있었기에 불법을 물었는데 때리기만 하는지 모르겠다고 푸념을 늘어놓는다. 그러자 황벽 스님이 너를 위해 그렇게 자비롭게 가르쳐 주셨는데 무슨 허물 운운하느냐 하는 대우 스님의 말에 임제 선사가 깨닫게 되었다.

이야기를 다 들려주시고는 여기에 무슨 '중도(中道)'를 깨닫느니 하는 어려운 말이 어디 있느냐 하신다.

성불(成佛)은 오직 자기 성불 하나밖에 없다는 말씀을 다시 한 번 강조하신다. 자기가 성불하지 못하면 석가, 미륵도 영험이 없다 하셨다. 대통지승불이 십 겁 동안 도량에 앉아 있어도 성불하지 못하는 이유도 바로 나 자신의 문제라 이르셨다. 자기가 견성하여 성불하면 온 우주가 다 성불한 것이지만, 자기가 깨닫지 못

하면 석가와 미륵의 깨달음도 참된 깨달음이 아니라 하셨다. 그러면서 다음과 같은 게송을 들려주셨다.

若人靜坐一須臾 만약 사람이 잠깐이라도 고요히 앉으면
勝造恒沙七寶塔 항하사만큼 많은 칠보탑 쌓는 일보다
수승하니
寶塔畢竟衰爲塵 보탑은 필경 한줌의 티끌로 돌아가지만
一念淨心成正覺 한 생각 깨끗한 마음은 정각을 이룬다.

며칠 전 우연히 책에서 본 '묘정명심(妙明淨心)' 운운하는 위산과 앙산의 문답[20]을 스님께 물었다. 앙산이 위산에게 "그것을 사(事; 현상)라 말해도 됩니까?"란 구절에서 막힌다고 여쭈었더니, 벼락처럼 호통을 치신다.

"위산이 무엇이고, 앙산이 무엇인가!"

---

20) 위산 선사가 앙산 스님에게 물었다.
    "미묘하고 청정하고 밝은 마음을 그대는 어떻게 이해하는가?"
    "산하대지와 일월성신입니다."
    "그대는 다만 현상만 알았도다."
    "화상께서는 방금 무엇을 물었습니까?"
    "미묘하고 청정하고 밝은 마음이니라."
    "그것을 현상이라고 말해도 됩니까?"
    "그렇고 그렇다."

스님이 내리치신 한 방망이에 정신이 번쩍 들었다. 여전히 언구(言句)와 생각에 걸렸던 것이다. 앞으로 당신 앞에서 뭐 좀 알았다는 소리 절대 하지 말라고 야단치셨다. 자기를 빼놓지 말라고 그렇게 일렀거늘, 여태까지 무엇을 들었느냐 하셨다. 쥐구멍이라도 찾고 싶은 심정이었다.

한바탕 몽둥이질이 끝난 뒤 옛 스님들이 "『염송』은 혼자서 보는 것이다."라는 말을 잘 살펴보라고 공부 길을 일러 주셨다. "옳기는 옳지만 아니다."라는 말, '말후구(末後句)'는 알 수 없는 것이라 하시면서 들어갈 곳을 지시해 주셨다.

모두가 하나로 돌아가는 것이거늘! 그래서 선지식의 방 깊숙이 들어가 방(棒)과 할(喝)로 단련을 받아야 하는 모양이다. 스님이 들려주신 진묵 스님 이야기가 기억에 남는다.

하루는 진묵 스님이 시자와 함께 시냇가를 거닐었다. 스님이 지팡이를 세우고 물가에 서서 손으로 물속에 비친 자기 그림자를 가리키며 말했다.

"저게 바로 석가모니 부처님의 그림자로구나"

그러자 곁에 있던 시자가 "그것은 스님의 그림자입니다."라고 하였다. 스님은 "너는 다만 나의 허망한 모습만 알 뿐, 석가의 참모습은 모르는구나!" 하고 탄식하였다.

대덕사를 내려오는 길에 상수리나무 이파리들이 우수수 바람
결에 떨어진다. 석가의 참모습이 고스란히 드러났다.

08

방편에 집착하지 말라

　어느덧 12월이다. 춘하추동(春夏秋冬)의 엄연한 변화가 무상(無常)을 설하는 무정의 설법이다. 오늘도 대덕사 삼광전 염화실(拈花室)에서 스님과 한 잔의 차를 사이에 두고 법문을 들었다.

　경허 스님의 오도송(悟道頌) 가운데 "돈각삼천시아가(頓覺三千是我家), 삼천대천세계가 바로 내 집임을 몰록 깨달았네."라는 시구(詩句)로 시작된 스님의 법문은, 법문을 듣는 자세와 모든 가르침은 방편설임을, 손자를 걱정하는 할미의 심정으로 자세하게 일러 주시는 내용이었다.

　옛날 진주보수 선사는 "부모가 낳기 전에 어떤 것이 나의 본래 면목인가?"라는 화두를 참구하고 있었는데, 어느 날 우연히 저자 거리에서 두 사람이 말다툼을 하다 그 중 한 사람이 "일이 이렇게 되어서 볼 면목이 없네."라고 말하는 소리를 듣고 깨달았다고 한다.

　스님께선 이 일화를 들어 법문이란 정해진 바가 있지 않다고 일러 주셨다. 부처님께서도 불법은 고정된 법이 없다고 하셨다. 듣는 이로 하여금 깨닫도록 하는 것이 법문이지, 그것에 집착하여 견해를 일으키는 것은 큰 잘못이라 하셨다. 한마디로 '꿩 잡는 게 매'라는 말씀이다.

　법문을 듣고 깨달아야지 법집(法執)과 법상(法相)을 일으켜서는 안 되는 것이라 이르셨다.[21] 그래서 『금강경』에 "불법도 버려야 하거늘 하물며 불법 아닌 것임에랴!"라고 한 것이다. 따라서 깨닫지 못하고 그 방편에 집착하여 경(經)을 읽고 외우고, 삼천 배를 하고, 참선하는 것으로 불법을 삼는 것은 큰 잘못이라 하셨다.

　좋은 약을 먹고도 병이 고쳐지지 않는다면 그 약은 효험이 없는 것이란 말씀이다. 그럼에도 그 약을 고집하면 오히려 약이 병이 되어 버리는 것이다. 삼세제불과 역대조사의 가르침은 모두 나 한 사람만의 견성성불(見性成佛)을 위한 말씀이라고 강조하셨다. 본인이 견성성불할 때 불법이 성립되고 부처가 출현하는 것이다.

　불법은 결론을 가지고 이야기하는 것이다. 본인이 성불했느냐 못 했느냐, 아주 간단한 것이다. 일체의 삼라만상, 모든 유정과

---

21) 법집(法執)이란 어떤 것이 법이라는 집착이며, 법상(法相)이란 어떤 것이 법이라는 관념, 이미지다.

무정이 나의 성불 하나만을 이야기하고 있는 것이다. 불문(佛門)에 들어온 이의 궁극적인 목적은 견성성불하여 자신의 생사(生死)를 해결하는 것이라 강조하셨다.

진짜 부처를 깨달아야지 바깥의 다른 부처에 귀의해서는 생사윤회를 면하지 못한다고 이르셨다. 미래세에 미륵불이 출현한다는 말씀도, 내가 깨달을 때 참 미륵이 출현하는 것이라 하셨다. 모든 불법은 모두가 나의 견성성불을 위한 방편이지 그 자체로 대승, 소승이 성립하는 것이 아니라는 말씀이다. 그러므로 위빠사나가 옳으니, 간화선이 옳으니 하는 것은 쓸데없는 소리라 일축하셨다. 그러시면서 가섭존자의 게송을 들려주셨다.

法法本來法 법, 법 하는 본래의 법은
無法非無法 법도 아니고 법 아님도 없음이라,
何於一法中 어찌 저 한 법 가운데에
有法有不法 법이 있고 법 아님이 있으리오.

일체(一切)가 유심조(唯心造)인데, 어찌 하나 가운데 정법(正法)과 사법(邪法)이 있겠는가 하셨다. 일체의 불법 모두가 나 자신의 성불을 위한 방편설임을 알아야 한다는 말씀이다.

삶이란 나 혼자 꾸는 꿈에 불과하다. 꿈속의 갖가지 일들이 결국 꿈일 뿐이듯 이 삶의 모든 일들 역시 꿈에 지나지 않는다. 따라서 취할 것도 버릴 것도 없다.『금강경』에 "일체의 함이 있는 법은 마치 꿈이나 환상, 물거품과 그림자 같고, 이슬 같고 번갯불과 같으니 마땅히 이와 같이 보아야 한다."라는 말씀이나, "모양을 취하지 않으면 여여(如如)하여 움직이지 않는다."라는 말씀이 다 같은 말이다. 꿈을 깨면 나 혼자뿐이다. 만법이 하나로 돌아간다. 일체가 유심조다. 오직 일불승(一佛乘)만 있을 뿐이다.

諸法從本來 모든 법이 본래부터
常自寂滅相 언제나 스스로 적멸의 모습이다.

09
자기를 깨닫는 것이 불법이다

제법 코끝이 매운 날씨다. 대덕사 경내에 들어서니 어제 내린 눈이 녹지 않은 채 군데군데 남아 있다. 스님께 삼배를 올리고 자리에 앉았다.

스님께서 물으셨다.
"심 거사는 견성성불을 믿나?"
꽤 엉뚱하신 물음이다 싶었으나 얼른, "네, 믿고말고요."라고 대답했다.
그러자 스님의 말씀이 이어졌다.

많은 사람들이 절에 와서 불공을 드리고, 기도하는 것이 불법인 줄 안다고 하신다. 많은 스님네들과 학자들조차 경전을 읽고 외우고 쓰는 것으로 불법을 삼고 있다고 안타까워하셨다. 바깥에 있는 부처는 설사 석가와 미륵일지라도 참 부처가 아니라고 하셨다. 법신불(法身佛), 보신불(報身佛), 화신불(化身佛)도 참 부처가 아니요. 오직 자성불(自性佛)만이 참 부처라 이르셨다. 부처님의 49년 가르침은 다른 중생이 아닌 오직 바로 지금의 나에게 깨달으라고 말씀하신 것이라 하신다.

報化非眞了妄緣 보신과 화신은 참이 아닌 거짓된 인연이니
法身淸淨廣無邊 법신은 맑고 깨끗하여 가없이 넓도다.

『반야심경』에 나오듯, 전도몽상(轉倒夢想)[22]에서 멀리 벗어나는 것이야말로 참된 참회요, 불공이라 하셨다. 모름지기 불법을 배우려는 자는 자신의 생사 문제가 큰일이란 사실을 자각하고 발심을 해야 한다 이르셨다. 견성성불의 법을 믿고 공부를 해서 스스로 깨달아야만 부처님의 가르침이 실현된다는 말씀이셨다.

견성에 대해 말씀하시면서 견성은 곧 성불인데, 점차로 이루어진 부처는 없다고 하셨다. 산에 오르는 것에 비유하자면, 비록 점점 높이 올라가는 바는 없지 않으나 산의 정상을 정복하는 것은 꼭대기에 발을 딛는 순간 이루어지는 것이란 말씀이다. 즉, 돈오(頓悟)하면 더 이상 닦을 것이 없다고 하시면서 미진처가 있다면 참된 견성이 아니라고 강조하셨다. 그러므로 돈오돈수든,

---

22) 진실과는 정반대로 뒤바뀌어진 허망한 생각.

돈오점수든, 결론은 빈틈없이 공부하라는 말씀인 줄 알아야 한다 하셨다.

젊은 시절 일화를 하나 들려주셨는데, 하루는 전강(田岡) 스님이 "납자(衲子)도 선지식(善知識)을 찾아야 하지만, 선지식 역시 납자를 찾아야 한다."라고 말씀하신 것을 들으신 적이 있다고 하셨다. 그래서 납자가 선지식을 찾아 공부를 묻는 것이야 당연한데, 선지식이 납자를 찾아야 하는 이유는 무엇인지 여쭈어 보셨단다. 그러자 전강 스님은 선지식이 아무리 가르침을 베풀어도 그 말을 알아들을 지음자(知音者)를 찾기가 어렵기 때문이라 하셨다 한다. 예나 지금이나 진실로 이 공부에 매진하는 사람을 찾기가 어렵다 하시면서 옛 인연 하나를 들려주셨다.

옛날 풍혈연소 화상이 하루는 법당 밖에서 대성통곡을 하였다. 대중들이 놀라서 그 이유를 묻자, 풍혈 화상은 "오랫동안 가르침을 폈는데 견성한 사람이 나오지 않으니 임제의 법이 나의 대에서 끊어질 줄 어찌 알았겠는가?" 하며 통탄하였다. 그때 그 회상에 어린 시절부터 『법화경』을 지송해서 염법화(念法華)란 별명을 가진 수산성념 스님이 "제가 스님의 법을 이을 수 있겠습니까?"라고 묻자, 풍혈 화상은 "자네가 『법화경』만 버리면 된다네."라고 일렀다. 후에 수산성념 스님이 풍혈 화상의 법을 이었다.

또, 아직 계(戒)도 받기 전인 행자 때 성철 스님이 도인이란 말을 듣고 성전암(聖殿庵) 철조망을 넘어가 성철 스님을 친견했던 이야기를 들려주셨다. 그때 당돌하게도 성철 스님에게 "스님은 견성하셨습니까?"라고 묻자, 성철 스님은 "나는 견성 못했네."라고 대답하셨다 한다. 그 당시에는 성철 스님의 대답을 잘못 이해하고 견성도 못한 사람에게 무엇을 배우겠는가 싶어 다른 곳으로 떠났는데, 지금 생각해 보니 그 말씀의 낙처를 잘못 아신 것이라 하셨다.

釋迦猶未會 迦葉豈能傳 석가도 몰랐거니 가섭인들 전할손가?

석가도 몰랐다는 이 말의 낙처를 바로 보아야 한다고 하셨다. 사람들로 하여금 불법이 다른 곳에 있는 것이 아니라 자신들 스스로 깨닫는 곳에 있는 것임을 가르쳐야 한다고 강조하셨다. 근본을 가르쳐야지 지엽말단에 머물러서는 안 된다 하시며 작금의 현실에 몹시 안타까움을 보이셨다.

불법을 일러 주는 방법에 대해서도 이런저런 가르침을 주셨는데 마지막에 율곡 이이의 시를 한 수 들려주셨다.

鳶飛魚躍上下同 솔개 날고 물고기 뛰는 이치 위나 아래나 매 한가지

這般非色亦非空 이는 색도 아니요, 또한 공도 아니라네.

솔개가 하늘을 나는 이치와 물고기가 물속을 헤엄치는 이치가 비록 같지만, 그렇다고 솔개를 물속에 넣어서도 안 되고, 물고기를 햇볕 아래 놓아두어도 안 된다 이르셨다.

모름지기 이 공부는 선지식을 찾아야 한다. 깨달음을 얻었다 할지라도 선지식에게 탁마를 받아야 옳다. 입을 열기도 전에 이심전심(以心傳心)으로 맷돌과 댓돌이 서로 들어맞듯 빈틈없이 딱 들어맞아야 한다. 아는 것이 불법이 아니라 오직 스스로 깨닫는 것이 불법이란 스님의 가르침이 소나무를 스치는 매서운 겨울바람 너머로 귀에 쟁쟁했다.

나무아미타불.

10
선지식과 학인의 인연

오늘 대덕사 삼광전 염화실에서 스님께 들은 법문 가운데 가장 기억에 남는 일화 하나를 소개한다.

향림징원 스님은 운문문언 선사의 법을 이은 분이다. 운문 스님이 광동의 남쪽 지방에서 교화할 때 향림 스님이 멀리 서쪽 지방에서 찾아와 18년 동안 시자 생활을 하였다.

운문 스님은 시자인 향림 스님을 하루에도 몇 번씩 불렀다.

"원시자(遠侍者)[23]야!"

그래서 징원이 "예!"라고 대답하면, 그때마다 그에게 다그쳤다.

"이 무엇이냐?"

향림 스님은 그때마다 자기의 알음알이를 다해 보았으나 끝내 계합하지 못했다. 이런 문답이 18년이나 계속되던 중, 마침

---

23) 향림 스님을 가리킨다.

내 징원에게도 크게 깨닫는 날이 왔다. 그것을 보고 운문 선사는 말했다.

"이제부터 다시는 너를 부르지 않으마."

향림 스님은 그 뒤 촉 땅으로 돌아가 서천 천왕원에서 주지를 하다가 뒤이어 사천 땅으로 돌아가 향림원에서 사십 년 동안 머물다가 여든 살의 나이로 입적하였다.

그는 일찍이 이르기를 "내가 사십 년 만에야 비로소 한결같은 상태(打成一片)[24]를 이루었다."라고 말하곤 하였다

---

24) 분별망상으로 인한 분열과 분리가 없는, 있는 그대로 한 덩어리를 이루고 있는 상태.

11
안경을 쓰고 안경을 찾는다

　새로 출간된 설봉 노스님의 책을 들고 아내와 함께 스님께 인사를 드리러 갔다. 책 여기저기를 살펴보시고는 잘 나왔다 하시며 애썼다 하신다. 차 한 잔을 우려 마시며 아내와 스님의 법문을 들었다.

　10대 후반의 젊은 나이에 『육조단경』을 읽고 발심하여 출가하셨다는 스님은 이미 군 입대 전에 당신 자신은 물론 제방 선지식들로부터 공부꾼으로 인정받으셨다 한다. 그러나 어딘지 모르게 만족스럽지 못한 것이 있었는데, 지금 돌아보니 공부의 방향을 잘못 알고 있었다 하셨다. 그러시면서 한 가지 일화를 들려주셨다.

　스님은 지독한 근시다. 그래서 아침에 잠자리에서 일어나면 늘 안경부터 챙겨 써야 다음 일을 할 수 있으시단다. 그러던 어느 날, 아침에 일어나 습관처럼 안경을 찾았는데 늘 두던 그 자리에 없더란다. 그래서 행여 잘못하여 안경을 박살낼까 조심조심 이부자리를 살펴보고, 화장실에도 가 보아도 도무지 안경이 보이지 않았다 한다. 그러다 문득 지금 이렇게 물건을 잘 살펴보고 있다는 사실을 돌이켜 보게 되니, 그제야 어젯밤에 안경을 쓴 채로 잠이 들었다 깨어난 것을 아셨다. 지금도 그 일을 생각하시면 우스우신 듯 박장대소하며 공부가 이와 같다 말씀해 주셨다.

따로 견성할 것이 없다는 것이 참 견성이요, 다시 부처를 이룰 것이 없다는 것이 참 성불이라 하신다. 마치 지난밤의 꿈처럼 모든 것이 나 하나로 돌아오기에 여기에 다른 물건은 도무지 있을 수 없음을 아는 것이 깨달음이라 하신다. 작금의 공부인들이 모두 자기는 빼놓고 바깥의 성품, 바깥의 부처를 구하기 때문에 오래 공부하여도 깨닫지 못하는 것이라 한탄하셨다. 당신께서도 젊은 시절, 삼매를 성취하고 저절로 신통이 생기는 체험도 수없이 하였지만 그래도 뭔가 부족함을 느끼셨단다. 그러다 이 공부가 전혀 애쓸 필요가 없는 것임을 철저히 깨치시고는 그제야 공부에 자신이 붙으셨다 하시며 예전 공부하시던 이야기도 들려주셨다.

행자 때 성철 스님을 성전암에서 뵙고 인연이 닿지 않는데, 세월이 지나 성철 스님이 입적하실 무렵, 공부에 자신이 생겨 다시 성철 스님을 찾아뵈었다. 그래서 찾아뵙자마자 헛기침을 "크흠~!" 했더니, 그 괴팍스런 성질로 유명한 노장(老丈)이 야단을 칠 줄 알았는데 그저 고개를 끄덕끄덕 하시더란다. 그러면서 "뭘 보기는 좀 본 모양이네." 하시더란다.

이 공부는 사람을 만나야 함을 다시 강조하셨다. 올바른 안목으로 지도해 줄 사람을 찾아야 공부를 할 수 있다 하신다. 이 일은 다른 누구도 아닌 자기 자신만이 할 수 있는 일이라는 자신감을 가지고 발심을 해야 한다 이르셨다. 백 년 동안의 일인 몸뚱아리와 재산, 처자식, 명예 따위는 거들떠보지도 않고, 오직 생사를 벗어난 영원한 자기 자신을 찾으려는 사람이라야 이 문에 들어올수 있다 하셨다.

저희 내외보고 스님 제자 하라시기에 얼른 "네!" 하고 큰 소리로 대답하고 하직 인사를 올렸다. 지금의 자기 자신을 두고 따로 부처의 경지, 오매일여(寤寐一如)[25]의 경지를 구하는 것은 불법이 아니다. 그것들을 구하는 자기 자신을 바로 보는 것이 불법이요, 선(禪)이다. 삼천대천세계 모두가 나 혼자 꾸는 꿈에 불과한 것이다.

---

25) 자나 깨나 한결같음.

55

12
부처보다 중생이 낫다

모처럼 햇살이 따사로운 오전, 스님을 찾아뵈었다. 삼배를 올리자 안질(眼疾)로 병원에 가셔야 하는 스님께서 잠시 차 한 잔 하자셨는데, 공부 이야기가 나오자 한 시간이 훌쩍 지나도록 법문을 하셨다.

늘 하시는 법문이지만, 눈앞의 모든 것이 자기 한 사람의 꿈이란 말씀이다. 온통 한 물건이어서 도무지 다른 것이 없다. 그러니 여기에 이것 아닌 것이 있을 수 없는 것이다. 모두가 자기 한 사람의 꿈이라면 여기에서 어떤 것은 취하고 어떤 것은 버릴 수 있겠는가? 그것 또한 허망한 꿈인 것을.

그럼에도 불구하고 현실을 살아가면서 경계에 부딪힐 때 공부의 힘이 부족하면 끄달리는 것이 없지 않으니, 이럴 때 '이뭣고'의 화두 힘으로 뚫고 나아가라 하신다. 모든 것이 환(幻)과 같은 것임

〔空觀〕을 투철히 깨달아서 밀고 나아가야 한다 하셨다. 전도(顚倒) 된 몽상(夢想)을 멀리 벗어나는 것, 곧 정견(正見)을 갖추는 것이 바로 일체의 고통과 재앙을 넘어서는 길인 것이다.

이 공부는 중생의 번뇌를 벗어나 일여(一如)한 부처의 경지를 추구하는 것이 아니라 강조하셨다. 번뇌에 시달리는 중생보다 여여(如如)한 부처가 낫고, 여여한 부처보다 번뇌와 망상으로 장엄(莊嚴; 장식)하는 중생이 낫다 하셨다. 부처에게 없는 것을 중생은 가졌지 않느냐는 것이다. 부처와 중생을 나누어 보지 말라는 말씀이다.

그러므로 '번뇌를 끊어 없애려는 것은 거듭 병을 더하는 것이요, 깨달음을 향해 나아가는 것 또한 삿된 것'이라 하는 것이다.

13
견성이 교외별전

전날 많은 눈으로 부산 시내 교통이 마비되다시피 했는데, 오늘은 언제 그랬냐는 듯 잔설조차 주위에서 찾기 힘들다. 스님께 삼배 올리고 따끈한 꿀차 한 잔을 마주하고 법문을 들었다.

선(禪)에서는 따로 수행을 이야기하지 않는다. 부처라는 경지를 이야기하지 않는다. 우리의 일상생활 그대로가 도(道)이다. 승속(僧俗)을 나누지 않고 세간 속에서 출세간사를 밝히는 것이다.

어떤 스님이 청원행사 스님께 "어떤 것이 불법의 대의입니까?" 하고 물으니까, 청원 스님이 "여릉의 쌀값이 얼마더냐?"라고 대답한 일이나, 어떤 스님이 조주 스님에게 "만법이 하나로 돌아가는데, 그 하나는 어디로 돌아갑니까?" 하고 물으니, "내가 청주에 있을 때 장삼을 지었는데 그 무게가 일곱 근이더라." 하고 대답한 것들이 그러하다.

불법이나 열반이 따로 존재하는 게 아니고, '부처다, 법이다' 하는 견해를 일으키기 이전, 생사(生死)와 번뇌라는 견해를 일으키기 이전, 세상사 그대로 그 이름이 불법이고 열반이다. 생사를 모르니까 그것을 생사라고만 여기고, 생사가 일시에 열반임을 모르고 있는 것이다.

불법이라고, 선(禪)이라고 이야기하기 이전이 선이다. 우리는 선이라는 상(相), 선정(禪定)과 같은 상에 집착하는데 그것은 진정한 선이 아니다. 왜냐하면 선정이라든지 해탈과 같은 것은 끊어지고 이어지는 것이 있고, 규정지어진 바가 있는데, 참된 선은 그 경계가 없기 때문이다. 선에는 두 가지 모양(相)이 없다.

중생이 스스로 세간상과 열반상을 나누어 볼 뿐, 부처님의 깨달음에서는 그 둘 전체가 하나의 세상이다. 그러면 그 하나의 세상이 무엇이냐? 거기엔 부처라는 것도 없다. 지금의 중생 이대로 이것이 부처다. 그렇다면 중생 또한 있는 것이 아니다.

이것은 스스로 깨달아야만 알 수 있지, 어떠한 논리와 이치로 말해 봐야 그것은 그림의 떡이다. 이 세상 어떤 것도 실재(實在)가 아니고 공(空)임을, 꿈과 같은 것임을 몰록 깨달아야 내 모든 의심이 녹아 버리고 부처님의 세계가 드러나는 것이다. 그것을 증득해야 이 세상 삼라만상 부처도 없고 부처 아님도 없는, 두 가지 모양이 없게 되는 것이다.

부처보다 뛰어난 것이 중생이고, 중생보다 뛰어난 것이 부처다. 삼라만상 일체가 하나로 녹아들어 막힘없이 자재한 것이다. 이 세상에 존재하는 것이든 존재하지 않는 것이든 전부가 다 자기 손바닥 안이다. "한 입에 서강의 물을 다 마신다."라고 하는 것처럼 모든 것을 자기가 움켜쥐고 있는 것이다. 이 모든 세계가 자기의 집이고, 자기가 수용하는 것이지 다른 사람이 수용하는 게 아니다.

이렇게 이야기하는 것도 자기가 수용하는 것이지만, 스스로 깨닫지 못하고 이해로 아는 것은 구경(究竟)이 아님을 알아야 한다. 격외선지(格外禪旨)[26]와 교외별전(敎外別傳)[27]이 바로 부처, 깨달음을 말하는 것이다. 견성이 교외별전이다. 나 자신의 견성을 떠나서는 만법이 절대로 옳지 않다. 나 하나가 어긋나면 우주 전체가 잘못되는 것이다. 내 한 생각이 올바로 되었을 때, 나와 세상이 하나가 되었을 때, 모든 것이 올바르게 된다. 자기를 빼놓고 '마음이다, 부처다' 하기 때문에 잘못되는 것이다. 자기 하나가 깨달을 때 온 세상이 성불하는 것이다.

참된 법은 법(法)과 법 아님이 없다. 참된 선정은 선정에 듦(入定)도 남(出定)도 없는 것이다. 중생이란 견해와 부처라는 견해, 이 두 가지를 다 버려야 한다. 우리가 묻고 대답하는 이 일상사

---

26) 참선의 도리는 범인(凡人)의 소견을 벗어난 것으로, 있는 마음으로나 없는 마음으로나 다 알지 못하는 것.
27) 선종에서 말이나 문자를 쓰지 않고, 따로 마음에서 마음으로 진리를 전하는 일.

그대로가 다 부처이고 열반이다. 생사와 열반은 우리의 업식(業識)[28]으로 구획을 나눈 것이다. 비유하자면 하나의 종이로 생(生)을 만들고 사(死)를 만들었을 때, 생도 종이고 사도 종이이니 무슨 생사를 말할 수 있겠는가? 이 우주 삼라만상은 자기 자체로서 언제나 본연(本然) 그대로다. 이것이 크게는 우주 전체로 나타나고 작게는 한 티끌로도 나타나면서 천변만화하지만, 두 개가 없다는 사실을 스스로 깨달아야 한다.

스스로 깨달아서 그 마음을 지켜가는 그것이 견성이다. 지킨다고 해서 도에 집착하여 그 도를 지켜 간다는 말이 아니다. 어떤 사람들이 공부가 잘 된다 했다가 공부가 물러나 후퇴했다 하는 것은 공부를 이루기 전 이야기이다. 화두를 들다가 화두를 놓쳤다고 하는 것은 도를 깨닫기 전 이야기란 말이다. 구경(究竟)의 나로 돌아오는데 무슨 공부가 따로 있겠는가? 그래서 대통지승불이 십 겁 동안 도량에 앉아 있어도 성불하지 못했다 하는 것이다. 자기가 이미 부처인데 성불하려 하기 때문에, 자기가 부처인데 수행에만 집착하기 때문에 안 되는 것이다. 공부는 구경에 자기로 돌아오는 것이다.

달마대사가 확연무성(廓然無聖)[29]이라 했던 것처럼, 실제로 우

---

28) 과거에 저지른 미혹한 행위와 말과 생각의 과보로 현재에 일으키는 미혹한 마음 작용.
29) 모든 분별이 끊어져 텅 비어 있는 상태에서는 성스러운 것이 없다는 뜻.

리가 깨달아 이루어야 할 부처란 것은 있지 않지만, 그것을 깨닫지 못했으니까 부처가 있는 것이다. 깨달으면 온 시방법계(十方法界)에 부처 아닌 게 없는데 다시 성불할 부처가 어디 있겠는가? 다시 성불할 부처가 있다면 완전히 깨달은 것이 아니다. 부처가 없다는 소리는 모든 것이 하나란 말이다. 이것은 '있다, 없다'에 속한 것이 아니다. '있다'에 집착하니까 '없다'고 말할 뿐이다.

일체를 내려놓고 홀로 갈 때, 우주 삼라만상과 자기가 한 몸이 될 때 자기 자성(自性)인 것을 깨치는 것이다. 그런 뒤에는 다시 사람들과 어울려 섞이더라도 역시 그 물건임을 확인하는 것이다. 도(道)는 처염상정(處染常淨), 곧 오염된 곳에 처해도 늘 깨끗하다, 물들지 않는 것이다. 선(禪)이라 하는 것은 이미 선을 떠난 것이고, 도(道)는 도를 떠난 것이 진짜 도이다. 큰스님들이 누가 도를 말하면 '아니다'라고 하는데, 그 '아니다' 하는 것이 바로 그것이다. 모든 것이 자기 자성을 벗어난 것이 없다.

일체의 인생사가 모두 자기의 자성 가운데의 일이고, 내 마음속의 꿈이다. 그렇게 관(觀)하면 다시 다른 무엇을 구하려는 마음이 없어진다. 그것들이 모두 실재가 아니기 때문이다. 이것이 견성성불이다. 견성성불은 따로 용뿔 나는 것이 아니다. 그렇게 관하면 우주 전체가 자기 손아귀에 있는 것이다. 운명과 인과법칙마저 환(幻)이다. 그래서 도인에게는 천국과 지옥이 아무것도 아니다. 어떠한 어려움 속에 있어도 그것이 나를 어찌하지 못한다는 사실을, 환영인 줄을, 자기 자신인 줄을 아는 것이다. 그래서 두려움과 공포가 없어지는 것이다. 말로만 견성을 떠들 것이 아니라 실제 생활 속에서 자유자재해야 견성이다.

스님의 말씀이 끝났을 무렵 꿀차는 어느새 식어 있었다. 그래도 마셔 보니 단맛은 여전히 그대로다. 봄, 여름, 가을, 겨울이 번갈아 오가는 저 허공처럼.

14
제행무상

직장 연수 때문에 토요일이 아닌 일요일 오전에 스님을 찾아뵙게 되었다. 마침 불교 방송에 종정(宗正) 스님께서 유엔 종교지도자 모임에서 설하신 법문 영상이 나와 한동안 스님과 함께 시청했다.

방송이 끝나자 꿀차를 타서 스님께 올리고, 스님 법문을 기록해 둘 요량으로 보름 전쯤 구입한 디지털 녹음기도 작동시켜 놓고 법문을 들었다.

방편에 불과한 간화선에 국집(局執)하는 수행 풍토와, 종교와 종파를 떠난 보편적 진리에 대한 열린 태도에 대한 가르침에 이어, 사람들로 하여금 이 공부에 대한 참다운 발심을 하게 하려면 제행무상(諸行無常)[30]의 도리를 깨우쳐 주어야 한다는 말씀을 두

---

30) 모든 것은 무상(無常)하다는 것. 즉 모든 것은 한 모양으로 머물지 않고 끊임없이

시간여 동안 들었다. 녹음기가 없을 때에는 스님의 법문을 한 귀로 듣고 한 귀로 까먹을까 봐 정신을 바짝 차리고, 가끔 스님이 화장실 가신 사이에 휴대전화 문자로 기록해 두기도 하느라 여유가 없었는데, 이제 믿을 만한 기록 장치가 있으니 홀가분한 마음으로 법문에 푹 빠져 들었다.

법문을 마치시고, 거처하시는 삼광전의 보일러가 고장이 나서 나무를 때시는데, 나무 자르는 울력을 좀 하라 하셔서 스님과 뒤켠에 쟁여 둔 통나무들을 끌어다 전기톱으로 잘라 땔감을 만들었다.

평소 힘든 일을 별로 해본 적이 없는데 모처럼 스님을 도와드리겠다고 무리를 조금 했더니 몸이 피곤했던 모양이다. 점심 공양 마치고 집에 돌아오자마자, 땀과 나무 톱밥으로 엉망이 된 옷가지를 빨래 바구니에 던져 놓고 샤워를 한 다음 법문을 정리하려고 녹음기를 찾았는데….

부지런한 아내가 녹음기 꺼내는 것을 깜박한 채 빨래 바구니에 던져 둔 내 외투를 세탁기에 넣어 돌리고 있었다. 급히 젖은 빨랫감 안에서 녹음기를 찾아 헤어드라이어로 말려 보았지만 허사였다. 몇 차례 써 보지도 못하고 고장 난 녹음기보다 오늘 들었던 소중한 법문을 잃어버린 상실감에 잠시 허탈했다.

제행무상의 가르침을 생생하게 깨닫게 된 하루였다고나 할까?

변한다는 이치를 담은 말.

65

결코 사물에 의지할 일이 아니다. 제 아무리 새롭고 튼튼한 것일 지라도 결국엔 허물어지고 사라질 것들이다. 한정된 시간 속에 구속된 것에 눈멀어 생사를 초월한 영원한 진리를 등한시한다면 참으로 어리석다 하지 않을 수 없다.

15
자기에게 돌아오라

고장 난 녹음기 대신 새로 구입한 녹음기로 스님의 법문을 녹음하였다. 집으로 돌아와 법문을 다시 들으며 천천히 정리해 보았다.

시인이 오면 시를 읊고, 검객이 오면 검을 논한다. 이것이 바로 선(禪)이다. 선이란 어떤 정해진 규격이 없다. 삼라만상이 자유자재하게 드러나듯이, 나고 죽음, 시공간에 얽매이지 아니하는 것이다. 불법이라 하기 이전에 본래 '이것'이 그렇게 하고 있다. 그것이 '자기(自己)'다. 간화선이다 뭐다 하기 이전에 누구에게나 자기란 것은 있지 않은가? 부처님이 "일체중생에게 모두 불성이 있다."라고 한 그 이야기가 아니라, 있다 없다 이전에, 남녀노소, 선인과 악인을 불문하고 이 자기라는 것이 있다 이 말이다.

불교로 말하면 그것이 '부처'고 '마음'이고 '깨달음'이고, 다른 종교로 말하면 그것이 '하나님'이든지 '알라'든지 '시바'라 할 수 있다. 그런데 우리는 '부처'라고 하면 부처를 좇아가고, '하나님'이라고 하면 하나님을 좇아가는데, 그게 아니라, 그것이 다른 사람이 아닌 자기인 것을 깨달아야 하는 것이다. 그렇게 하는 것이 나고 죽음을 벗어나고, 성불하는 것이고, 신이 되는 것이고, 이 세상에 종교적 이상을 실현하는 것이다. 그것을 하는 것은 다른 사람이나 객관적인 진리가 아니고 '자기'란 말이다.

일체가 자기이니까 자기란 게 따로 없다. '하나'니까 과거, 현재, 미래가 뒤섞여 한 덩어리가 된다. 우주 자체가 자기다 이 말이다. 이 이름 없는 한 물건! 우리는 자기를 나고 죽는 존재로 알고 있다. 그러나 우리는 나고 죽는 그 자체다. 나고 죽음 속에서 나고 죽음을 벗어난 것이다. 이야기하자니 벗어난 것이지 둘이 아니다. 무슨 법이 있든지 이미 '나'다, 자기다. 종교 이전에 어떤 것이 이 자기냐 이 말이다. 이 근본을 사람들에게 이야기해 주어야 한다. 그런데 너무 자기 종교, 자기 수행에 집착해서 이야기하니까 사람들이 그것을, 자기를 떠나서 별개로 존재하는 것으로 안다.

간화선이라는 것이 궁극에 가서는 무엇을 가리키느냐? (들고 계시던 효자손으로 방바닥을 똑똑똑 두드리며) 자기를 가리킨다. 자기를 깨닫게 한다. 그렇게 보면 나와 떨어진 것이 없지 않은가? 거리가 없지 않은가? 하나로서 일체니까. 자기를 근본으로 해서 공부하면 깨달음에 바로 도달할 수 있고, 자기를 떠나서 간화선을 찾고 다른 무엇을 찾으면 점점 멀어진다. 공부하는 사람이 자기 인연을 따라 깨쳤더라도 배고픈 사람에게는 밥을 주고, 목마른 사람에게는 물을 주고, 병이 난 사람에게는 약을 줘야 하는 것처럼 상황에 맞게 방편을 써서 자기로 돌아오도록 사람들을 지도해야 한다.

16
그 사람

법회를 마치고 스님과 법회에 참석한 대중들이 함께 점심 공양을 하게 되었다. 공양을 드시다가 스님께서 재미있는 수수께끼를 낼 테니 한 번 맞춰 보라시며 다음과 같이 말씀하셨다.

옛날 중국의 양무제가 달마대사를 만났지만 인연이 없어 달마대사는 양자강을 건너 위나라로 갔다. 나중에 지공화상이 달마대사는 관음보살의 후신(後身)이며 부처님의 심인(心印)을 전하는 분이라고 말하자, 양무제는 그제야 후회하면서 사신을 보내 달마대사를 데려오려고 하였다. 그러자 지공화상이 말하기를, '그 사람'은 온 나라 사람이 다 데리러 가더라도 돌아오지 않을 것이라 하였다.

"자, 그런데 온 나라 사람이 아니라, 온 우주에 있는 사람들이 모두 데리러 가더라도 결코 데려올 수 없는 사람이 있는데 '그 사람'이 누굴까?"

공양을 함께 하던 사람들이 저마다 답을 내놓았다.

"자기입니다!"

"마음이요!"

"주인공!"

나는 슬며시 웃으며 밥상 위에 놓인 숭늉 그릇을 들어 보였다. 그런데 스님께선 모두 틀렸다고 하시고는 이렇게 말했다.

"결코 데려올 수 없는 '그 사람'은, 이미 죽은 사람이다."

스님이 껄껄 웃으시며 답을 내놓자 주위 사람들은 박장대소를 하였다. 그런데 나는 등골에서 식은땀이 흘렀다.

17
견성해야 부처

주말에 일이 있어 평소와 달리 금요일 오전에 스님을 뵈러 절에 올라갔다. 어느 보살과 사시(巳時) 불공을 드리고 계셔서 함께 예불을 드렸다. 간단히 예불을 마치시고 『선문촬요』 가운데 「혈맥론」 한 구절을 읽으시면서 그 보살을 위해 법문을 해주셨다. 나중에 스님께 여쭤 보니 매일 그렇게 공부하러 오는 보살이라 하신다. 같이 들었던 법문 가운데 기억에 남는 대목들을 옮겨 본다.

자기의 본래 부처는 언제든지 이미 이루어져 있어서 더 커지지도 않고 더 작아지지도 않는다. 그런데 사람들은 삶이 허망한 꿈과 같은 줄 모르고 더 많이 가지려고 집착을 한다. 그렇게 일생을 헛되이 보내고, 그 업이 쌓여서 생사윤회를 벗어나지 못한다.

공부란 말과 글만을 읽는 것이 공부가 아니다. 자기가 진실하게 스스로 깨우쳐야 하는 것이다. 그런데 우리는 공부한다 하면 그저 남의 이야기만 한다. 자기의 잘못을 고치고 자기의 업장을 벗어나려고 하는 것인데, 남의 이야기를 해서 무슨 이익이 있겠는가?

한 생각을 돌이키면 견성성불이 멀지 않다. 그런데 자기 생각으로 견성성불을 만드는 경우가 있다. 부처가 뭔지도 모르면서, 부처란 것도 환(幻)인데, 본래 우주 그대로가 부처인 것인데, 그것은 알려고 생각하지도 않고, 자기가 만든 부처에 자기가 귀의해서 옳다고 여기고는 올바른 가르침을 듣지 않는다. 그렇다면 그것은 곧 누구의 허물이냐?

부처님이 깨친 이치로 보자면, 세상은 오직 하나, 자기 하나다 이 말이다. 내가 부처인데 그것을 깨닫지 못하면 중생이다. 그 하나의 이치를 깨치면 부처다. 중생의 입장에서 아무리 부처님의 말씀이라고 읽고 외우고 수행한다 하더라도 구경에는 깨달아야만 한다. 견성해야 한다. 모두가 자기 하나인 것을, 마음 하나인 것을 깨달아야 한다. 이것을 바로 깨닫지 못하면 중생의 업보를 면하지 못한다. 부처님처럼 신통묘용을 갖춰도 견성하지 못하면 부처가 아니다.

스님의 법문은 늘 한 가지 말씀만 하신다. 스스로 견성해야 한다는 것. 그것 이외에 다른 모든 것은 다 쓸데없는 허망한 일이라 하신다. 어떻게든 이번 생에 견성하여 생사를 벗어나 참으로 자유인으로 사는 것, 이것만 염두에 두라고 기회가 있을 때마다 늘 말씀하신다.

법문을 마치시고 공양을 드신 다음, 산에서 주워 오신 통나무들을 땔감으로 자르는 일을 도와드리고 절을 내려왔다. 신통과 묘용이 따로 있나, 물 긷고 나무 하는 이 일뿐이지. 맞는 말씀이다. 오늘 오랜만에 신통묘용을 부렸더니 허리가 콕콕 쑤신다. 이 뭣고?

18
출가와 죽음

겨울이 가고 봄이 오나 보다. 따스한 봄날을 앞당겨 맛보며 휘파람 불면서 절에 올라갔다. 지난주에 스님을 찾아와 공부하던 보살님이 와 계셨다. 아마 매일 와서 예불하고 30분 남짓 「혈맥론」 공부를 하는 모양이다. 덕분에 나도 옆에 앉아서 귀동냥을 했다.

근본 성품은 자기를 말한 것이다. 본래의 나. 본래 이것은 누가 만든 게 아니다. 본래 있는 것이다. 이것은 닦아서 이루어지는 것이 아니고 본래 그렇게 되어 있다. 그것을 '마음'이라 하고, '자기'라 하고, '부처'라고 하고, '근본 성품'이라고 한다.

본래 이것뿐이니까 팔만대장경도 모두 이것을 표현한 것에 불과하다. 그저 이름일 뿐이니까 팔만대장경에 무슨 실(實)이 있는 것이 아니다. 천경만론(千經萬論)이 오직 마음을 밝혔을 뿐이니, 말끝에 계합해서 이것을 알면 경전의 말씀도 소용이 없는 것이다.

그런데 '불법은 이런 것이다' 하고 집착한단 말이다. 불법은 제 마음이니까, 이렇게 이야기해도 이것이고, 저렇게 이야기해도 이것이다. 이것이라 해도 이것이고, 이것이 아니라고 해도 이것이다. 이것뿐이다. 일체의 말은 실(實)이 아니니 그 말에 속지 마라.

가르침과 비춤을 따라가면 종지(宗旨)[31]를 잃어버린다. 근본으로 돌아와야, 자기로 돌아와야, 종지를 철저하게 깨치는 것이다. 그런데 자기라는 것은 내가 가지고 있는 것이지 다른 사람에게서 얻는 게 아니다. 본래 있는 나, 이것이란 말이다. 우리가 지금 이렇게 있지 않느냐? 본래 있는 자기이지, 부모가 만들어서 세상에 내놓은 게 아니다. 내가 많이 닦아서 그것을 밝게 하는 것도 아니다. 본래 한 물건, 나 하나뿐이니 밝아져도 일찍이 밝아진 적이 없고, 어두워져도 일찍이 어두워진 적이 없는 것이다. 왜냐하면 본래 이것뿐이니까! 밝음과 어두움은 환(幻)이지 실(實)이 아니다. 전부 자기 자성일 뿐이다. 내가 내 마음을 깨닫지 못하면 천경만론(千經萬論)이 아무 소용없다. 또 깨달아도 소용이 없는 것이다. 이미 성불해 버렸으니까.

임종이란 이 몸뚱아리가 죽는 것을 말한다. 내가 죽는 것이 아니라 이 몸뚱아리가 죽는 것이다. 사람들은 자기가 죽는 줄로 아는데, 잘 몰라서 그런다. 나라는 것은 나고 죽음이 없다. 본래부터 이것뿐이어서 다시 다른 물건이 없다. 이것이 열반이고, 이것

31) 주장이 되는 요지나 근본이 되는 중요한 뜻.

이 생(生)이고, 이것이 사(死)다. 그래서 이것은 말로 되는 것이 아니고 우리가 살아 있는 동안에 공부를 해서 견성을 해야 한다. 그래야 죽을 때에도 그것이 환이고 꿈인 줄 알아서 찰나간에도 그런 일이 없는 것을 안다. 나고 죽는 것은 꿈이란 말이다. 그런 일이 없어! 그런 일이 없는데 무엇을 두려워하고 무엇을 괴로워하겠느냐 이 말이다.

법신이라 하는 것은, 나라고 하는 것은, 부처라고 하는 것은 본래 청정하다. 이것은 항상 밝고 고요하고 깨끗하다. 두 모양이 없다. 뭐가 있어야 과보(果報)[32]를 받을 텐데, 인과응보(因果應報) 이것 자체니까, 이것이 나타낸 모양이니까, 생사윤회 속에 있을지라도 생사윤회를 한 일이 없다 이 말이다. 깨닫지 못하면 이런 말이 다 소용없다. 깨치지 못하면 업보(業報)를 못 면해 생사윤회를 받게 된다.

스님들이나 재가의 처사나 보살들 중에 공부하다가 고요하다, 광명이 비춘다, 이러는 사람들이 많다. 그것이 깨달음인 줄 알고 집착하게 되면 근본 성품을 잃어버린다. 남에게 말하지도 말고 취하지도 마라. 무엇을 얻으면 안 된다. 밝은 경계가 나타나도 꿈이고, 어두운 경계가 나타나도 꿈이니까 집착하지 마라. 무엇이든 집착하면 안 된다. 일체가 자성이 나타난 바인데 그것에 집착하는 것은 꿈속에서 꿈을 분별하는 것과 같다.

---

32) 과거의 업인(業因)에 따른 결과. 인과응보.

널리 배우고 많이 아는 것이 도리어 공부에는 방해가 된다. 아무 이익이 없다. 참선을 하면 밝은 지혜가 생기고 잡스러운 데 집착을 하지 않는데, 학문을 하는 사람들은 분별하고 집착하는 게 많다. 세상사에 너무 집착하게 되면 자기의 업을 쉬지 못하고 업을 따라가게 된다. 업을 따라가면 자기 정신을 어둡게 하기 때문에 공부에서 점점 멀어지게 된다.

법문을 마치시고 스님과 점심 공양 상을 마주했다. 말없이 공양을 드시다가 문득 이렇게 말씀하셨다.

"심 처사, 출가가 무엇인 줄 아는가? 일체의 것을 버리고 돌아보지 않는 것이 출가다."

나는 말없이 스님의 눈을 바라보았다. 스님도 내 눈을 똑바로 바라보시며 이어서 말씀하셨다.

"이 공부 하는 사람은 죽어야 한다. 이 말을 명심해라. 대사각활(大死却活)[33]이다. 모름지기 크게 깨닫는 것으로 극칙(極則; 궁극의 법칙)을 삼아야 한다. 작은 것에 만족하지 마라."

따스한 날씨에 얼어붙었던 땅이 녹는다.

---

33) 크게 죽어야 도리어 산다.

19

나 하나

진눈깨비가 날리는 계사년 정월 초사흘, 대중법회가 있었다. 예불을 모시고 스님께서 법상에 올라가 법문을 하셨다.

"(주장자를 들어 보이며) 여기를 보십시오. (주장자로 법상을 세 번 두드린 뒤) 주장자를 보고 세 번 두드리는 소리를 들으셨죠? (다시 주장자를 들어 보이며) 이것은 여러분의 명근(命根)을 보인 것, 자기를 보인 것입니다. 세 번 두드린 것도 나의 생사와 모든 죄업을 소멸시켜 주는 소식입니다. 그런데 왜 바로 보지를 못하고 듣지를 못하느냐 이겁니다.

부처님 법이 어렵다 하는데, 부처님의 법은 어려운 것도 아니고 쉬운 것도 아니에요. 왜냐하면 모든 법이 본래부터 하나입니다. 하나란 말은 두 가지 모양이 없다, 두 가지 법이 없다는 말입니다. 그래서 부처님 법, 불법이라 하지만 그것도 이름일 뿐이에요. 불법이 있다고 하면 불법 아닌 것이 있겠죠? 불법이라는 것도 이름일 뿐이어서 따로 있지 아니하다, 본래 있는 이 하나의 법을 이름하여 불법이라 한다 이겁니다. 불법이 있고 불법 아닌 것이 있는 불법이 아니라, 오직 불법뿐이다 이겁니다. 그렇다면 불법 아닌 것도 불법입니다.

그래서 『금강경』에서 '일체법이 모두 불법이다.'라고 하였습니다. 다 불법 하나라 그랬습니다. 그 말이 무슨 말이냐 하면, 이 육신, 이 세상은 물론, 죽어서 가는 세상, 귀신, 영가(靈駕; 영혼), 온 우주, 일체법이 모두 하나란 말입니다. 그 하나의 이름을 불법, 부처님이라 했다 이겁니다. 부처님이 바로 불법이에요. 일체 만법이 하나라는 말은 그것뿐이다, 다른 것이 없다는 말입니다. 그러므로 하나라는 것도 이름입니다.

진리가 하나라고 했는데, 지금 '나'라는 것이 있고 바깥에 부처님이 있으면 두 개가 되잖아요? 여기 있는 나라는 것과 내가 모르는 불법, 두 개가 있단 말입니다. 여러분이 부처님을 모시고 절을 하고 기도를 드렸는데, 부처님을 보았습니까? 석가모니불, 아미타불, 미륵불을 친견했습니까? 못 했죠? (등 뒤의 불상을 가리키며) 이것은 부처님을 조각해 놓은 것이지 어찌 이것이 진짜 부처님이겠습니까? 분명히 나라는 것과 내가 알지 못하는 부처, 두 개가 있는데 어째서 하나라 하는고? 의심을 가져야 합니다.

하나라는 말을 알아들으면 견성성불(見性成佛)입니다. 부처님처럼 신통묘용을 갖춰서 성불하는 게 아니고, 그것이 이미 갖춰져 있다는 이야기입니다. 참선을 하고, 염불을 하고, 삼천 배를 하고, 다라니를 해야 불법을 공부하는 것이 아닙니다. 내가 할 수 없는 것, 다른 사람이 잘하는 것을 쫓아서 그것을 불법으로 여기지 말라 이 말입니다. 지금 자기가 알아듣는 이것이 바로 제일가는 불법이에요. 예전에 황벽 스님이란 분이 이런 말씀을 하셨습니다.

모든 부처님과 일체 중생은 한마음일 뿐 거기에 다른 어떤 법도 없다. 이 마음은 본래부터 생기거나 없어진 적이 없으며, 푸르거나 누렇지도 않다. 정해진 틀이나 모양도 없으며, 있고 없음에 속하지도 않고, 새롭거나 낡음을 따질 수도 없다. 또한 길거나 짧지도 않고, 크거나 작지도 않다. 모든 한계와 분량, 개념과 언어, 자취와 상대성을 뛰어넘어 지금 이대로가 곧장 이것이다.

황벽 스님은 모든 것이 한마음이라고 하셨습니다. 본래부터 하나라고 했습니다. 그런데 내가 있고 부처님이 있으면 둘이 되어서 하나가 아니잖아요? 하나가 되려면 일체법이 하나가 되어야 합니다. 내가 하나가 되는 게 아니고 일체법이 나 하나가 되어야 한다는 말입니다. 나 아닌 것이 있으면 하나가 안 되죠? 이해가 잘 안 되면 여러분이 꾸는 꿈을 생각해 보세요. 꿈속에서는 내가 있고, 부처님도 있고, 여러 사람이 있었어요. 그런데 깨고 보면 누구만 있어요? 자기 하나만 있죠? 우주의 진짜 근원이 나 하나란 말입니다. 끝까지 나 하나만 있어서 다른 사람이 없습니다.

살아도 나이고, 죽어도 나이고, 극락세계에 가도 나이고, 지옥 속에 가도 나이니 극락과 지옥이 같습니까, 다릅니까? 모양이 다르니까, 거기에 속으니까 다르다고 하지만, 그것이 다 누구의 꿈입니까? 내 꿈이니까 다 내 마음이죠. 자기다 이 말입니다. 모든 시간과 공간이 다 나이니까 이것이 없어질 수가 있습니까? 언제든지 나이니까 나는 영원 무량한 것입니다. 이미 나이니까 이것을 알려고 할 필요도 없잖아요? 전체가 다 나이니까 없어질 물건이 있겠습니까? 없죠? 다시 생겨날 물건이 있겠습니까? 없죠? 본래부터 항상 이러하다 이 말입니다.

그렇다면 이 자리에서 왜 성불하지 못합니까? 자기인데? 여러분이 수행해서 부처님이 되는 것이 아니라 본래 부처님이 되어 있는 거예요. 본래부터 하나로서 두 모양이 없습니다. 부처와 중생이 없다 이 말입니다. 그게 바로 자기입니다. 자기를 깨달으란 말이 그 말입니다. 그러니까 나를 깨달으면 모두 해결되어 버리죠? 나 아닌 게 없고, 부처님 아닌 게 없으니까? 나고 죽음도 없고, 영원 무량겁토록 변함이 있겠습니까? 없죠? 언제든지 나 하나뿐이니까. 이 이상 좋은 법이 어디 있습니까? 부처님이 이것을 깨달으신 것입니다. 깨닫고 보니까 일체 중생이 부처님이거든?

그래서 일체 중생이 모두 성불할 수 있다고 불법을 이야기해 주신 것입니다."

주장자를 세 번 치고 법상에서 내려오셨다.

20
주장자

정월 대보름 법회 날, 스님께서 법상에 올라 법문을 하셨다.

"(주장자를 들어 보이며) 여기를 보세요."

"우리가 나고 죽고, 나고 죽음을 벗어나고, 성불하고, 모든 소원을 성취하는 것이 다 이것입니다. 이것을 보아도 알지 못하니까 제가 다시 주각(註脚)을 내리겠어요."

(주장자로 법상을 세 차례 내리치셨다.)

"이 소리를 듣고 모든 공부를 마치고, 모든 소원을 성취하시기 바랍니다.

그래도 모른다면 이 주장자를 색(色)으로, 모양으로 보기 때문입니다. 눈으로 볼 때 주장자의 모양을 떠나서 주장자가 무엇을 말하고 있는지 그 의미를 알아차리시기 바랍니다. 여태까지 몇 십 년 공부를 했어도 이것을 몰라요. 다시 주장자를 세 번 내리쳐도 그 소리만 들을 줄 알았지 그 세 번의 소리가 무엇을 말하는지 그것을 모른다 그 말입니다.

괜히 스님들이 주장자를 들어 보이고 내리치는 게 아니에요. 여기에는 바로 성불하고, 생사를 벗어나고, 일체의 소원을 성취하는 부처님의 불법이 나타나 있는 겁니다. 삼세제불의 목숨이 여기 다 있어요. 그런데 왜 그것을 모르냐 이 말입니다.

부처님이라는 것은 이 마음인데, 마음은 정해진 이름이 없기 때문에 이것을 나라고도 합니다. 사람마다 다 가지고 있는데 이것은 부모에게 받은 게 아닙니다. 생겨난 것이 아닙니다. 그런데 사람들은 자기 몸뚱아리를 자기로 알고, 몸뚱아리가 살아 있을 때는 살았다 하고, 몸뚱아리가 죽으면 죽는다고 합니다. 이것은 잘못된 것입니다. 이 몸뚱아리는 자기가 아닙니다. 이 몸뚱아리는 내가 입고 있는 옷입니다. 그래서 몸뚱아리의 수명이 다해서 죽는다 해도 죽는 게 아닙니다. '나'라고 하는 것은 본래 있었던 것입니다. 그것은 몸뚱아리 속에 있는 것이 아닙니다. 부모에게 이 몸뚱아리를 받기 전에 나는 이미 있었습니다. 그런데 우리는 자기는 까맣게 잊어버리고 몸뚱아리를 나로 알고 살아가고 있습니다. 하지만 이 몸뚱아리는 영원한 내가 아닙니다.

우주 삼라만상이 모두 나입니다. 나를 떠나서 부처님과 중생이 따로 있지 않아요. 내 바깥에 부처님과 중생이 있는 게 아니에요. 내 바깥에 선악이 있는 게 아니에요. 모든 것이 나 하나의 꿈입니다. 잘되고 못되는 것, 나고 죽는 것, 천당과 지옥이 나를 떠나서 따로 있지 않습니다. 구경(究竟)에 나 하나입니다. 그렇다면 무량겁에 공부하고 애를 써도 소용이 없어요. 잘못된 미신을 믿는 것이고, 삿된 도를 닦는 것이어서 스스로를 구제하지 못한다 이 말입니다. 결국은 부처님 설법은 모든 게 하나다. 나를 떠나서 뭔가가 있으면 두 개가 되잖아요? 그러니까 저 부처님과 내가 하나에요. 우주는 하나뿐이에요. 온갖 변화와 작용은 진짜가 아니에요. 나 하나가 꾸는 꿈이에요, 꿈! 잘되어도 내 꿈이고, 못되어도 내 꿈이에요. 둘이 없어요. 언제든지 하나니까 그 가운데 나고 죽음이 있겠습니까?

조금 전에 외운 『반야심경』에 뭐라고 했습니까? 불생불멸(不生不滅), 불구부정(不垢不淨), 부증불감(不增不減)! 입으로만 밤낮 외우면 뭐 합니까? 내 마음이 그렇게 생각을 하지 않고 있는데. 그러니까 여러분은 염불하고 기도를 잘 한다고 했지만 실은 죄를 하나 더 짓는 겁니다. 잘못을 범한다 이겁니다. 부처님까지도 속인다 이 말입니다. 입으로는 "나고 죽음도 없고, 잘되고 못됨도 없습니다." 이러면서도, '나고 죽음이 없긴 왜 없어, 다 죽는데…' 이렇게 생각한단 말입니다. 언제든지 두 조각을 만든다 그 말입니다. 자기 입으로 말하면서도 그 말을 믿지도 않고 알려고도 하지 않아요. 그러면 올바른 염불이 아니고 올바른 기도가 아니어서 올바른 공덕이 안 된다 이 말입니다. 우리가 부처님 법을 바르게 믿고 공부해야 공덕이 나타나는 것입니다.

부처님 근본법은 전부 부처님 하나예요. 그래서 부처 아닌 게 없다 이 말이에요. 그 말은 내가 부처님 아닌 때가 없었고, 아닌 장소도 없었단 말이에요. 내가 바로 석가모니고, 관세음보살이고, 지장보살인데 그것을 모르고, 내 몸뚱아리를 나로 삼으니까 바깥에 부처님이 계신 겁니다. 그러나 내 마음이라는 것은 우주 전체를 포함하고, 우주 전체가 내 꿈이니까 저 석가모니, 관세음보살, 지장보살이 바로 자기에요. 자기가 자기를 믿는 것, 이것이 자기 성불이고, 이것을 부처님이 이야기해 주신 겁니다. 그래서 참선이란 자기가 자기를 찾는 겁니다. 과거 석가모니 부처님의 구름 같은 제자들이 다 자기이고, 미래세 미륵부처님이 출현하실 때 용화 회상의 불보살들이 바로 자기입니다. 왜냐하면 나밖에 없으니까, 이 마음뿐이니까! 그러니까 이 마음이 바로 나이고, 부처님입니다. 언제든지 하나이니까 움직인 바가 없습니다. 이것을 『법화경』에서 일불승(一佛乘)이라고 이야기한 것입니다."

(주장자로 법상을 한 차례 치시고 게송을 읊으셨다.)

願以此功德 원컨대 이 공덕이

普及於一切 널리 일체 중생에게 퍼져서

我等與衆生 저희들과 중생들이

當生極樂國 마땅히 극락국에 태어나

同見無量壽 함께 아미타불을 친견하고

皆共成佛道 모두 함께 성불하여지이다.

21
도에 이르는 길

도(道)에 이르는 길은 우선, 만법불리자성(萬法不離自性), "만법이 나의 이 자성을 여의지 아니한다."라는 것을 깨닫지 못했더라도 근본으로 바로잡아야 한다. 내가 있으니까 모든 것이 성립이 된다는 것을 출발점으로 삼아야 한다. 그런데 온갖 법을 닦아서 자기를 없애려고 야단들이다. 그것은 좋고 나쁨, 우리의 희로애락, 그 경계를 없애려 하는 것이다. 어리석은 중생이 100년 사는 이것을 '나'라고 정해 놓고 탐·진·치 삼독(三毒)을 부린다. 나란 것은 따로 존재하는 게 아니다. 공(空)한 것이다.

우리가 나를 따로 있다고 여기는 것은 꿈속의 자기를 나로 아는 것과 똑같은 것이다. 우주 전체가 자기이다. 그래서 조금도 부족한 게 아닌데, 공부가 확철하지 못하면 그 경계에 끌려 다닌다 이 말이다. 내가 없다고 하는 것이 고요히 앉아서 나무나 돌처럼 되는 것을 말하는 것이 아니다. 항시 일체가 객관적으로 존재하는 것이 없다, 전부 나로 돌아오니까 일체가 자기구나, 이것을 알면 바깥에서 구할 필요가 없다. 나란 것은, 자기 자성은 내가 본래 가지고 있는 것으로 다른 사람한테, 저 부처님한테도 없는 것이다.

일체가 자기 자성불이지 객관적으로 존재하는 부처나 중생은 없다. 그런데 사람들은, 더군다나 도를 닦는다는 사람들은 자꾸 산 속에 들어가서 신묘한 경지를 도달하려고 애를 쓴다. 전부 망상이요, 헛일이다.

선문(禪門)에서는 석가모니가 출가해서 12년간 수행했다는 설이 있다. 처음 6년 동안은 여섯 스승을 찾아가서 공부를 했다고 한다. 이 여섯 스승은 바로 안(眼)·이(耳)·비(鼻)·설(舌)·신(身)·의(意)를 말하는데, 육근(六根) 경계를 통해서 도를 이루지 못했다는 말이다. 그리고 다음 6년 고행은 홀로 그 육근을 조복(調伏) 받았다는 말이다. 그래서 섣달 8일에, 즉 팔식(八識)[34]을 정복해서 성불했다고 한다. 결국은 한 꼬챙이에 꿴 이야기다. 다른 게 아니다.

견성성불은 전부가 자기여야 한다. 모두가 내 자성이어야 한다. 우주 전체가 한 부처다. 삼세제불이 출현한다 할지라도 삼세

---

34) 유식설(唯識說)에서 분류한 여덟 가지 마음 작용. 곧, 안식(眼識)·이식(耳識)·비식(鼻識)·설식(舌識)·신식(身識)·의식(意識)·말나식(末那識)·아뢰야식(阿賴耶識).

제불이 다른 사람이 아니라 다 나의 화신(化身)이다. 한 부처님뿐
이다. 그게 『법화경』에서 말한 일불승이다. 일불승이란 자기가 부
처란 소리다. 우주 삼라만상 그대로가 본래의 나다. 진짜 나다.
만법이 나니까 우주가 그대로 꿈이다. 자기 혼자다 그 말이다. 여
기에 부처가 따로 없다. 나로 인해서 석가모니, 아미타불이 출현
해서 신통묘용을 갖추고 위대한 일을 하는 것이다. 바깥으로는
한 물건도 없다.

　공부는 나로부터 시작해서 나로 끝난다는 것을 알아야 한다.
모든 것이 나를 여읜 것이 없고 나를 벗어남이 없다. 그런데 사람
들은 나를 버려두고 바깥의 이상향을 그린다. 삼세제불의 세계가
자기 자성임을 알아야 한다. 이것이 돈오돈수다. 닦는다는 것이
잘못은 아니지만 거기에 빠져 버려서는 안 된다. 닦음이 없는 것
을 알고 닦아야 한다. 닦는다는 것도 꿈속의 묘용(妙用)이다. 그러
나 잘못하면 방편에 빠져서 나는 물론 남까지 망치게 된다. 자성
을 깨치는 것이 진짜 성불인데 가짜인 방편을 좇아서 그것을 진
짜로 삼게 된다. 방편은 구경(究竟)이 아닌 것이다.

22
도는 없다

따사로운 봄날 예불을 마치고 법당을 나와 스님과 뒤뜰을 거닐
었다.

문득 스님께서 물으셨다.

"심 처사는 사람들이 중도(中道)[35]가 뭐냐고 물으면 어떻게 답
할 텐가?"

"그렇게 묻는 것이 중도라고 대답하겠습니다."

"그렇게 대답하는 것도 틀린 것은 아니지만, 그것은 법을 쓰는
것이고…. 내가 말하는 것은 어떤 것이 중도라는 답이 있는 것이
아니라, 상대로 하여금 깨닫게 해주는 것이 중도라는 말이지. 물
었을 때 안목만 갖추었으면 뭐라 하든지 옳고, 안목을 갖추지 못
했으면 그 답은 옳지 않다 그 소리야. 사람들과 문답할 때, 그 말

35) 불교에서 밝힌 참다운 깨달음의 길. 양극단에 치우치지 않는 중정(中正)의 도.

에 옳고 그름, 깊고 얕음이 있는 게 아니야. 그 말을 따라가면 흙덩이를 쫓아가는 강아지 꼴이 되는 것이야."

스님 처소인 염화실에서 차를 우려 마시며 법문을 들었다.

"사람들은 마음이다, 중도다 하는 것이 따로 있는 것인 줄 알아. 도(道)는 없다는 소리야. 그래야 언제든지 도일 것이 아니겠나? 도가 있다가 없으면 안 된다는 말이야. 그래서 선정(禪定)에 든다는 것은 이승(二乘)의 견해야. 언제든지 정(定)이어야 대정(大定)이지, 들어가고 나가고, 좋을 때가 있고 나쁠 때가 있고 하는 것은 올바른 것이 아니야. 진짜일 때가 있고 가짜일 때가 있는 것은 진짜가 아니지? 언제든지 진짜여야 진짜지. 그러니까 대열반은 언제든지 열반이고, 언제든지 선정이고, 본래 그렇다 그거야. 본래 부처야. 그것을 자기가 깨달아야 하는 것이지, 부처님이니 큰스님 이야기를 백날 들어 봐야 소용이 없어. 핵심은 자기가 깨닫는 것이지 깨닫지 못하고서 불법을 설해 봐야 전부 마구니의 말이고 도가 아니야.

깨달으면 언제나 자성을 관(觀)한다지만, 자성이 어디 따로 있나? 자성을 관한다는 것도 이것이고, 관하지 않는 것도 이거야. 그러니까 우주 전체가 통해서 전부 도 아닌 게 없다 이 말이야. 그래서 마음에 집착해서 마음을 관하는 것은 도가 아니라고 그런 거야. 처음 공부하는 사람들은 혼돈이 올 수도 있어. 모두 선방에서 고요히 앉아서 '이뭣고' 하고 있는데, 마음을 가라앉히고 고요함을 찾는 것이 큰 병이라고 옛사람들이 그러거든? 그러니까 올바른 선지식을 만나서 지도를 받아야 돼.

정말 안목이 밝은 사람은 도가 있지를 않아. 도가 없는 가운데서 대용(大用)을 쓰니까 사람들이 알 수가 없지. 뭘 던져 주면 그것이 '있는 것'인 줄 아는데, 실은 그것이 나온 바도 없고 들어간 바도 없어. 없는 가운데서 작용을 쓰거든? 향상일로(向上一路)를 이야기하면 향상일로가 있는 줄 알고 거기에 빠진단 말이야. 전부 자기 속에서 가지고 노는 것인데 무슨 향상일로가 따로 있겠나? 그러니까 철저하게 깨치지 못하면 아무리 이야기해 봐야 소용이 없어. 화두를 타파한다는 것은 그것을 철저히 깨치는 것, 견성성불을 말하는 거지, 어느 공안은 아는데 어느 공안은 모른다, 이런 데에 속으면 안 돼.

도가 바깥에 있는 게 아니고 전부 자기 살림인 줄을 알아야 해. 자기 손아귀에 있는 그것을 깨달아야 해. 그것을 깨닫지 못하면 선지식에게 속고, 부처와 조사에게 속고, 시공(時空)에 속고, 현실 변화에 속아. 내 꿈인데 속을 일이 뭐가 있나? 사람이 없는데 누구한테 속나? 언제나 '나' 하나인데 무슨 향상일로가 있고, 향하일로(向下一路)가 있겠나? 향상일로가 향하일로고, 향하일로가 향상일로야. 내가 자유자재하는 것인데, 딴 사람이 없다니까. 그런데 뭐가 있는 줄 안단 말이야. 그래서 자기가 뭐를 알았다고 뻗대고 그러거든? 자기 안목이 밝지 못하면 그런 데 속아. 눈 밝은 사람은 그런 것을 턱 안다고. 입으로 큰소리치는 것만 살아 있는 것이 아니야. 죽은 사람의 눈이 밝은 것을 알아야 해. 해골바가지 속의 눈동자가 밝다 그 소리야. 중생들은 전부 삶 속에서 놀아나거든? 그것은 영원하지 않아서 맥아리가 없어. 그런데 죽어 버린 사람은 다시 죽을 일이 없어."

법문이 끝날 무렵 스님께서 물으셨다.
"원을 하나 그려 놓고 이 안에 들어와도 30방, 나가도 30방이라 그랬거든? 그러면 심 거사는 어떻게 하겠어?"
"(찻잔을 들며) 이렇게 차를 마시겠습니다. (그리고는 차를 한 잔 마셨다.)"
"차를 마신다? 차 한 잔 따라 봐. (다관을 들어 차를 한 잔 따라드렸다.) 내가 거기에 대해 답변한다면, '들어가도 때리고 나와도 때린다고 그러니, 들어가도 때리고 나와도 때립니다.'"

나는 고개를 끄덕끄덕 했다. 나는 마치 날카로운 검을 무딘 쇠몽둥이로 맞받아치려 했던 것이라면, 스님께선 그 검을 매화나무 가지로 받은 격이라 할 것이다.

95

23
마음 바깥에서 부처를 구하지 말라

삼광전 앞 목련이 활짝 피어오른 토요일, 한 잔의 차를 마주하고 스님의 가르침을 들었다.

"도(道)는 대대(待對; 상호대립)되는 것이 없어. 상대가 없단 말이야. 진짜로 밝은 것은, 밝고 어두운 것이 모두 가환(假幻; 가짜 환상)인 것을 철저히 깨치는 것이야. 그래서 도라는 것은 구경에 하나야. 갈 데가 없는 거야. 갈 데가 있으면 안 돼. 갈 데가 없게 해야 해. 갈 데가 없으니 '나'로 돌아와. 그러면 꿈을 깬 것과 같아. 꿈을 깨 보면 자기밖에 없거든? 꿈속에서는 오만 가지 일이 있었던 것 같은데 꿈을 깨 보면 그런 일은 없거든? 그래서 우주 전체가, 만법이 모두 꿈이야. 그래서 달마 스님도 '삼계가 공(空)하여 한 물건도 없음을 명백히 알지어다.'라고 하셨어. 구경에 나 하나뿐이야. 대몽(大夢)을 깨달았다, 대각(大覺), 대오(大悟)했다는 것은 결국엔 자기로 돌아왔다는 소리야.

나는 본래 내가 가지고 있던 것이니까, 만든 것이 아니잖아? 원래 나였는데 뭐 돌아오고 말고가 있겠나? 내가 어리석어 돌아다니다가 그것을 쉰 것뿐이지. 바깥으로 눈을 찾아 돌아다니니 찾을 리가 있겠어? 자기한테 있는 줄 알고 안 찾으면 될 것을, 없는 줄 알고 찾으니까 없잖아? 부처도 그런 거야. 진리가 있는 게 아니야. 부처의 경지에 도달해야 한다고 가르치는 경우가 있는데, 그렇게 가르쳐서는 안 돼. 하지만 중생은 어리석어서 그렇게 종(宗)을 세우고, 깃발을 세워야 '우우' 하고 거기에 모여들거든? 진짜 자기는 내버려두고. 바깥의 것이 가환(假幻)인 줄 통달해야 깨치는 것이야. 달마 스님이 '확연무성(廓然無聖)'이라 했거든? 부처님도 없다 그 소리야. 그 말의 의미를 알아들어야 하는 거야.

다른 법이 있는 게 아냐. 그런데 전부 화두가 오매일여가 되어야 한다는 둥 경계를 가지고 이야기를 해. 그것이 틀린 말은 아니나 구경은 아닌 거야. 여여부동(如如不動)하다는 것도 말〔言句〕이야. 여여부동하고 말고가 어디 있나? 나 혼자인데 엎어지든 자빠지든 뭐가 달라? 그런데 어떤 것을 여여부동이라 하고, 어떤 것을 여여부동한 것이 아니라고 하겠어? 그러니까 부처님께서 법을 세우지를 않으셨어. '여래가 간다거나 온다거나 서 있다거나 눕는다고 말하는 사람이 있다면 이 사람은 내가 설한 뜻을 이해하지 못한 것이다.'라고 하셨어. 한 모양이니까, 자기 하나뿐이니까 나고 죽음, 만법이 없어. 본래 법이 없단 말이야.

나와 바깥 경계가 둘이 아닌 거야. 전체가 나 하나뿐이야. 그런데 무슨 마음이 안에 있고 바깥에 있겠나? 누구나 자기 마음을 깨치면 성불한다는 견성성불이나, 일체 중생이 부처의 마음을 갖추고 있다는 이야기는 자기가 부처인 줄 모르고 밖으로 구하고 있다는 그 뜻이야.

경허 스님 오도송에 '홀문인어무비공(忽聞人語無鼻孔)'하고, 홀연히 사람이 콧구멍 없다고 말하는 소리를 듣고, 부처가 없다 그 소리야. 자기뿐이다 그 소리야. '돈각삼천시아가(頓覺三千是我家)'로다, 몰록 삼천대천세계가 자기 집임을 깨달았다, '유월연암산하로(六月燕巖山下路)'에, 6월 연암산 아랫길에, '야인무사태평가(野人無事太平歌)'로다, 들사람이 일 없이 태평가를 부르도다.

무슨 일이 있어? 성문불(聲聞佛)들이나 닦아서 부처의 경지에 간다고 그러는 거야. 시간과 공간, 부처와 중생, 만법과 만물이 전부 나 하나야. 전부 부처란 말이야. 그런데 다른 물건이 뭐가 있어? 있다고 하면 잘못이야. 있다고 해도 이것이고, 없다고 해도 이것이야.

사람들은 고통과 해탈이 따로 있다고 봐. 그것은 중생의 견해, 이승(二乘)의 견해야. 그래서 이 공부에 들어오기가 어려워. 중생들은 도를, 견성을, 부처를 손에 쥐고 못 놓아. 그것을 놔 버려야 돼. 부처라는 것은 이름이고 실(實)이 아닌 환(幻)이야. 사람들이 살다 보면 밝은 경계에도 들어가고, 어두운 경계에도 들어가 거든? 그런데 이승은 항상 밝은 경계에만 집착한단 말이야. 공부를 잘못 알면 안 돼. 그래서 내가 사람을 만나야 한다고 하는 거야. 그렇지 못하면 수행은 열심히 하는데, 공(功)은 열심히 들이는데 잘못 들어간단 말이야. 어떤 사람이 선사에게 물었어. '병이 없는 사람이 있습니까?' 그러니까 선사가 '있다!' 그러는 거야. '그러면 어떤 것이 병 없는 사람입니까?' 그러니까, 선사가 '아야! 아야!' 그랬다고 그래. 우리 중생은 고요한 것이 도인 줄 알고, 앉아 있는 것이 도인 줄 알고 거기에 집착을 해. 아니면 신통묘용이 도인 줄 알아. 그게 다 밖으로 헤매는 거야. 그래서 '마음 밖에서 부처를 구하는 것은 모두 삿된 마구니와 외도이다.' 그랬어.

대도(大道)라고 하는 것은 자기 일이야. 다른 사람 일이 아니야. 자기가 깨닫는 거야. 내가 꿈을 깰 때 일체 중생을 제도하는 것이지, 따로 성불하고 중생을 제도하는 것은 꿈속의 일이야."

24
돈오돈수

완연한 봄날, 스님의 처소를 찾았다. 차 한 잔에 호두와 아몬드를 꺼내어 먹으라고 내주신다. 매주 토요일 오전 스님의 법문을 듣는 시간이야말로 내 삶에 가장 소중한 시간이 아닐까 싶다. 평생을 진리 하나만을 위해 살아온 한 사람과, 앞으로 또한 그를 본받아 그와 같은 삶을 살아갈 또 한 사람 사이의 만남. 지남철에 오랫동안 달라붙어 있던 바늘이 자신도 모르게 자성(磁性)을 띠는 것처럼 스승의 법에 훈습해 가는 것. 그것이 공부인 것 같다. 오늘 들은 법문 가운데 요점은 다음과 같다.

외형상의 부처를 진짜 부처로 알기 때문에 돈오점수란 말이 생긴다. 깨달아도 수행을 해서 닦아야 한다고 생각한다. 그것은 전혀 근본을 모르는 말이다. 깨침이란 그런 것이 아니다. 다시 이야기할 자가 없다. 무엇을 깨달았다고 하고 안 깨달았다고 하며, 무엇을 불법이라 하고 아니라고 이야기할 수 있겠느냐? 다른 것이 없고, 불법 아닌 것이 없다. 이 말은 있는 그대로 자기란 말이다. 현실 그대로이지, 이것뿐이지, 여기에 다른 것이 없다. 견성이다, 성불이다, 자기다 하는 것은 모두 말이고 이름일 뿐이다.

돈수(頓修)가 안 되면 그것은 돈오가 아니다. 확실히 자기가 깨달아서 남은 의심이 없어야 남에게 속지 않는다. 이치로는 이해를 하지만 실제 생활에서 돈오돈수가 안 되면 자기 공부가 부족한 줄 알아야 한다. 불법이 무엇인지 의심 없이 철저하게 깨달아야 한다. 그것은 우주 전체의 실상을 빠짐없이 통달하는 것이다. 거기에서 하나라도 의심이 나고 미진한 구석이 있으면 그것은 참된 깨달음이 아니다.

법문을 듣고 스님과 함께 점심 공양을 한 후 일주문 앞 청소를 도와드리고 내려왔다. 무심한 봄바람에 꿈결같이 흩날리는 벚꽃잎에서 문득 겁(劫; 영원하며 무한한 시간) 밖을 벗어난 소식을 듣는다.

25
나는 견성하지 못했네

지난 밤 불던 비바람이 그치고 해맑은 봄볕이 비치는 일요일, 스님을 찾아뵈었다. 법당에서 예불을 모시기 전 오랜만에 본 어떤 보살에게 이런 말씀을 들려주셨다.

"부처가 자기인데 왜 모르느냐? 언제든지 자기이니까, 언제든지 나를 떠난 적이 없으니까 모르는 거야. 사람도 없다가 만나면 반갑고 소중한 줄을 아는데, 참 부처는 언제든지 자기를 못 떠나니까 내가 귀하고 진짜 부처인 줄을 모르는 거야. 본래부터 부자인 사람이 돈의 소중함을 모르다가 가난해져 봐야 돈이 소중한 줄을 알게 되는 것과 같은 것이야.

정법(正法)은 없어지는 것이 없고 내가 거기서 떠난 적이 없어. 그것이 무어냐? 이것을 알아야 해. 언제든지 자기이고 떠난 적이 없는데 그것을 찾아. 중생이어도 나 아닌 게 없고, 부처라고 해도 나 아닌 게 없는 이치를 알아야 해. 언제든지 그 속에 있으니까 모른다. 떠난 적이 있어야 그것을 알지. 그래서 이것을 어렵다 하는 거야."

스님은 십대 후반에 해남 대흥사에서 입시 공부를 하다 『육조단경』을 읽고 발심하여 걸어서 영남으로 오셨다. 오직 도(道)를 깨닫고자 하는 열정으로 무서운 것이 없던 행자 시절, 도인이라 소문난 성철 스님이 대구 파계사 성전암에서 철조망을 두르고 두문불출한다는 소문을 듣고는 철조망을 넘어 성철 스님을 뵈었다 한다.

공부는 물론 절집 법도도 제대로 몰랐던 스님은 성철 스님에게 다짜고짜 "스님은 견성하셨습니까?"라고 물었다 한다. 도인은 견성한 사람이라고 들었으니까 견성했다고 하면 도인 밑에서 공부를 배우려고 말이다. 그런데 성철 스님은 "나는 견성 못했네."라고 딱 잘라 말했다 한다. 그러자 견성도 못한 사람한테서 무엇을 배우겠느냐는 생각에 성전암을 나왔다는 일화를 들려주시곤 했다.

"나는 견성하지 못했다고 하는 그 말의 의미를 알아들어야 해. 참으로 명안종사(明眼宗師)의 답이야. 그냥 견성하지 못했다는 소리로 알면 그것은 중생의 견해인 거야. 성철 스님이 '나는 견성하지 못했다'고 할 때 바로 성철 스님을 보아야 해. 그 자리에서 보아야 해. 다른 게 아니야.

『금강경』에 '만약 모양으로 나를 보려 하거나 음성으로 나를 구하려 한다면 이 사람은 삿된 도를 행하는 것이니 여래를 볼 수 없다.'고 했어. 그런데 그 앞에서는 '만약 모든 모양이 모양이 아닌 것을 보면 곧바로 여래를 본다.'고 했거든? 보지 못한다거나 본다거나가 둘이 아닌 줄을 깨쳐야 하는 거야. 본다는 것은 정법(正法)이고, 보지 못한다는 것은 사법(邪法)이라고 편파를 가르고 두 가지 소견을 가져서는 안 돼.

본래 하나를 가지고 이렇게도 이야기하고 저렇게도 이야기하는 것이야. 본래 하나뿐이다 이거야! 다른 물건이 아니야. 이것을 깨닫는 것이야. 이것을 깨달으면 전부 부처니까 부처를 신경 쓸 필요가 없는 거야. 밥 먹고 잠자는 일상사 모든 것이 부처인데 무슨 난행고행을 닦아서 부처를 이루려 하겠느냐? 다른 게 없어! 한 물건도 없다, 또는 일불승이다, 모두 이 한 물건이다 이 말이야. 금생에 철저하게 깨달아라. 알겠느냐?

현실이 이대로 도요, 부처요, 불법이요, 자기야. 『법화경』 사구게에,

諸法從本來 모든 법이 본래부터
常自寂滅相 항상 적멸된 것이다.
佛子行道已 불자가 이 도리를 행하면
來世得作佛 바로 부처가 될 것이다.

라고 했어. 본래 부처이고, 본래 이것이야. 다른 물건이나 법이 없어. 본래 이대로야. 다른 것이 없어. 더하지도 못하고, 덜하지도 못해. 그냥 그대로야. 자기의 자성이란 이것이요, 이름일 뿐이야."

26
심외무물心外無物

"심 처사, 자기 눈이 밝지 못하면 스스로 속는다."

"네, 스님!"

"절대로 바깥 경계에 속지 마라. 객관적인 것은 결코 없어."

"네, 스님!"

"선(禪)은 테두리를 벗어나는 것이야. 따로 무애(無碍)하려 하는 것은 조작이야. 도는 항상 이것, 자기야. 무애가 따로 있는 것이 아니야. 자유자재한 것이 따로 있다면 견성한 것이 아니야."

27

눈 찾는 법

오늘 스님께 공부를 여쭈려고 어느 처사 한 분이 찾아왔다. 다음은 스님께서 그 처사께 하신 법문을 요약 정리한 것이다.

"불교는 한마디로 깨달음의 종교야. 부처는 각(覺)이야. 부처님께서 깨달은 진리를 사람들에게 알려 주신 것이 불교란 말이야. 그런데 모든 사람이 부처님께서 말씀하신 것을 알아들어서 깨달았다 하더라도, 자기가 그 말을 알아듣지 못했다면 다른 사람들의 깨달음은 아무 소용이 없어. 마치 다른 사람이 밥을 먹은 것이 내 배가 부르지 않은 것과 같아. 따라서 부처님께서 바로 내가 알아들으라고 가르침을 베푸신 것이 불교라고 생각해야 해. 그것을 내가 알아들었느냐 못했느냐가 핵심이야.

석가모니나 관세음보살, 지장보살의 깨달음도 내 깨달음의 그림자야. 석가모니의 깨달음은 내가 깨달을 수 있다는 것을 보여 준 것뿐이야. 예를 들어, 달이 떠 있으면 천 개의 강에 달그림자가 비쳐. 그러나 아무리 강물 위의 달그림자를 건져 봐야 건질 수 있겠나? 그것은 그림자일 뿐이야. 그런데 그림자는 왜 생겼나? 달이 있음으로 생겼어. 따라서 석가모니, 관세음보살의 깨달음도 나의 달, 나의 깨달음으로 말미암아 있는 것이야. 나의 깨달음만이 진짜 깨달음이고, 석가모니불, 아미타불은 진짜 부처가 아니라 내 부처가 진짜 부처야. 오직 깨달을 수 있는 사람은 자기뿐이다, 이렇게 생각하고 공부를 해야 해.

자기(自己)라는 것은 우주가 생기기 이전에도 있고, 지금도 있고, 우주가 멸한 다음에도 있어. 그것이 자기야. 지금 대답하는 그것이 자기야. 그것을 인식해야 돼. 그것은 원래 이름이 없어. 그것을 '자기'라고 하기도 하고, '마음'이라 하기도 해. 그렇다면 이것이 무엇이야? 이뭣고? 분명히 나한테 있고, 나인데 모르잖아? 몸뚱아리야 눈에 보이는 형체가 있지만, 마음이라 하는 것은 있기는 있지만 형체가 없으니까 뭐라 말할 수 없잖아? 분명히 나인데 스스로 모르겠거든? 그래서 '이것이 무엇인고?' 하고 의심해.

사량 분별로 '이것이 자기지', 이렇게 아는 것이 아니고, 본래 있는 '나'라고 하는 이것, '나' 자체, 이것이 뭐냐 이 말이야. 몸뚱이 갖고 말하는 게 아니야. 이것은 자기밖에 알 수 없으니까 자기가 궁구(窮究)하는 거야. 가나 오나 앉으나 서나 이것을 의심하는 거야. 자기가 있지? (처사가 '예!'라고 대답함.) 지금 '예!' 하는 그것,

그런데 몸뚱아리는 백 년밖에 살지 못하고 죽으니까 그것은 영원한 '나'가 아니야. 분명히 영원한 '나'가 있어, 그런데 이것이 무엇인가? 입으로 '이뭣고, 이뭣고' 하지 말고, 궁구해. 이것은 눈으로 보고, 귀로 듣는 게 아니야. 물질이 아니니까. 눈으로 보는 것은 대상이잖아? 자기를 어떻게 눈으로 보나? 소리는 객관적인 것이잖아? 그런데 이것은 객관적인 것이 아니지? 바로 나 자신이니까. 이게 바로 뭐냐 이거야. 다른 데서 찾아서 알려 하지 마.

쉽게 이야기해서 평상심이 도다, 부처님이다 이 말이야. 평상시의 마음이 뭐야? 자기가 가지고 생활하는 이 마음, 이것이야. 다른 특별한 마음을 이야기한 것이 아니야. 평상시에 누가 생활해? ('저'라고 대답함.) 그래 '나'라고 하는 그것이야. 이름이 없지만, 우리 '생활'이라고 하는 것, '인생'이라고 하는 이것이 그대로 '도'다 이 말이야. 그것은 내가 원치 않아도 이미 있는 것이야. 본래 있잖아? 이것이 도이고, 부처야. 그 도와 부처를 내가 벗어날 수 있나? 없는 거야. 그러니까 어려운 것이 아니야.

내 얼굴에 있는 눈을 찾을 필요가 있나? ('없다'고 대답함.) 내 얼굴에 있는 이 눈을 시간적으로 과거, 현재, 미래에서 찾을 수 있나? ('없다'고 대답함.) 못 찾지? 내 얼굴에 있는데 다른 데서 찾으니 못 찾지. 그래서 밖으로 찾으면, 다른 데서 찾으면 무량겁을 지나도 찾을 수가 없는 거야. 내 얼굴에 있는 것을 놓아두고 어떻게 찾아? 공간적으로 부처님세계, 인간세계, 지옥, 축생세계에서 찾을 수 있어? 못 찾지? 없는 데서 찾으니까 못 찾는 거야. 그렇게 밖으로 찾는 사람에게 눈이 자기한테 있다는 사실을 알려 주면 깨닫게 되는 거야. 눈은 찾는 게 아니야. 견성성불도 이와 같은 것이야. 이렇게 쉬운 거야.

산속에서 산을 찾고, 물속에서 물을 찾는 것이 견성성불이야. 산속에서 산을 찾을 필요가 있어? 물속에서 물을 찾을 필요가 있어? 한 생각만 돌이키면 견성성불 할 수 있어. 부처, 불법은 이미 자기이니 일체법이 자기요, 부처요, 불법이야. 부처, 자기, 불법, 마음은 이름이요, 실로 따로 있는 게 아니야."

28
이것이 무엇인가

봄답지 않게 날씨가 서늘한 데다 비까지 내려 쌀쌀한 토요일, 대덕사 스님을 찾아뵈었다. 지난주에 왔던 처사님과 더불어 이번에 새로 근방에 사시는 처사님 한 분이 더 찾아왔다. 널리 알려진 절, 유명한 스님이 계신 곳도 아닌데 어찌 알고 찾아들 주셨는지 공부 인연이 참 지중하다는 생각이 들었다. 나를 포함 처사 세 명이 함께 예불을 모시고 스님의 법문을 들었다.

처음 찾아오는 이들에게 스님께서 하시는 법문은 늘 한결같다. 불교에 대해서 바로 알라는 것. 자기 바깥에 있는 부처나 불법, 깨달음은 참된 부처나 불법, 깨달음이 아니라는 말씀부터 하신다. 밥 먹는 것에 비유하여, 아무리 다른 사람이 다 밥을 먹었다 해도, 자기 자신이 밥을 먹지 못했다면 아무 소용이 없다는 말씀을 늘 강조하신다. 부처님의 49년 설법이 오로지 나 자신이 알아들으라고 내게 하신 말씀이라는 것이다. 다음은 오늘 법문 가운데 중요한 부분만 추린 것이다.

"여러분 꿈을 꾸어 보았죠? 꿈속에서는 그것이 진짜인 줄 알죠? 꿈인 줄 모르잖아? 그 가운데 나란 모양도 있고, 다른 사람도 있고, 현실하고 똑같잖아? 그래서 이야기하고 움직이고 생활하다가 꿈을 깨고 보면 누구만 있어? 자기만 있지? 꿈속에선 여러 가지가 있었지만 깨고 보면 나 혼자란 말이야. 꿈에서의 온갖 변화 작용이 오직 나 하나란 말이야. 다른 사람이 없었어. 그와 같이 이 우주와 시간과 공간, 이 절과 스님, 온갖 것들이 모두 자기 하나가 꾸는 꿈과 같아. 다른 물건이 있는 게 아니라 나만 있는 거지. 그러니까 부처가 자기일 수밖에 없지. 견성이란 꿈을 깨는 것과 같아. 우주 전체가 부처님인데 그 부처가 바로 나란 말이야. 나를 떠나서 부처가 있지 않다 이 말이야. 우리는 우주 전체가 실재인 줄 아는데 실은 이것은 꿈이란 말이야. 진짜가 아니야. 두 사람이 없어.

꿈 깨는 것이 견성성불(見性成佛)이야. 그럼 견성성불을 누가 하지? 다른 사람이 아닌 내가 깨는 거지? 그럼 할 수 있잖아? 다른 사람이 없으니까, 나밖에 없으니까, 결국 내 꿈이니까…. 이것이 불이문(不二門)이야. 다 자기인 그것은 이름이 없으니까, '공(空)'이다, '마음'이다 이름을 붙인 거야. 그래서 '마음이 부처'라고 하는 거야. 모든 것이 다 마음 하나로 돌아가. 이 우주 전체, 시간, 공간까지 다 이것이야. 나 하나야. 내 꿈이야. 이것을 깨달으면 마음이 부처다, 자기가 부처다 이 뜻이야. 알겠나? 그러니까이 세상에 두 개가 없지? 누구만 있어? (한 처사가 '나만 있습니다.'라고 답함.) 그렇지! 그런데 그 '나'라고 하는 것이 무엇이냐 이 말이야. 우리는 보통 '나'라고 하면 이 몸뚱아리나 그 속에 있는 영혼같은 것을 '나'라고 하는데 그것은 진짜 '나'가 아니야. 진짜 '나'가아닌 것을 '나'로 삼은 거야. 진짜 '나'라고 하는 것은 우주 전체에가득 찬 이것이 진짜 '나'야. 이것의 이름이 '부처'야.

전체가 자기인 이것이 '일체유심조'이고, '마음이 부처'인 도리고, '일불승'이야. 생(生)도 이것이고, 사(死)도 이것이야. 전체가'나'니까 벗어날 수 있어? 못 벗어나지? 내가 나를 벗어나지는 못해. 살아도 이것이고, 죽어도 이것이야. 언제든지 이것이야. 이것이 무엇이냐? 그걸 해석하려 하지 마. 스스로 의심해 봐. 알아서 깨닫는 게 아니야. 보고 듣는 게 아니야. 이것이 무엇인고? 일상생활을 하면서 항상 의심해. 이것만 해결하면 성불이니까. 간절히 해나가란 말이야. 눈으로 보고 귀로 듣는 게 아니야. 상대가아니니까 이것은. 자기니까, 자기가 자기를 깨닫는 것이니까… 분명히 나와 같이 있는 이것이 무엇인고? 내가 나를 모른단 말이야. 답답한 노릇이지? 소승, 대승 어쩌고, 간화선, 위빠사나, 티베트 불교… 전부 쉬어 버려. 바깥으로 알려고 하지 말고, 오직나한테 있는 이 '자기', 내가 있음으로 모든 문제가 생겼잖아? 이것만 해결해. 이것이 무엇인고? 이것은 다른 사람한테 있지 않아.
저 부처님한테 있는 것이 아니야. 어려운 게 아니야. 해결할 수
있어. 그리고 해결해야 해. 내가 나를 구제해야 돼."

29
부모미생전 본래면목

지난 주 처음 찾아왔던 한 처사에게 무슨 화두를 들고 있느냐고 스님께서 묻자, 그 처사는 '부모가 낳기 전 어떤 것이 나의 본래면목인가?'란 화두를 들고 있다고 했다. 스님께서 어떻게 화두를 의심해 가고 있느냐 물으시면서 화두 드는 방법에 대해 법문을 해주셨다.

"여기서 '나'는 이 몸이 아니잖아? 부모가 낳기 전이니까? 그렇다고 전생(前生)을 생각하고 의심하는 게 아니야. 우리는 보통 이 몸뚱아리를 '나'로 알고 집착하는데, 이 몸뚱아리가 없다면 '나'는 도대체 무엇인고? 이렇게 의심만 하는 거야. 영원한 '나', 진짜 '나'가 무엇이냐 이것이야. 결국 자기가 자기를 자각하는 것인데, 이것이 뭐냐 이 말이야. 의심하는 그 물건이 '자기'야. 그 물건이 뭐냐 말이야. 자기가 자기를 의심하는 거야. 그 의심 하나를 지어가는 것이 공부야. 우리가 해결해야 할 중요한 일이 있는데 그것을 해결 못하면 자나 깨나 그 일밖에 생각 안 나지? 기한 내에 무엇을 해결하지 못하면 먹고 자는 것을 잊어버리고 그 일을 해결하기 위해 애를 쓴단 말이야. 간절한 마음이 생겨.

내가 따로 있는 '나'를 생각하는 게 아니고, 본래 있는 자기가 자기를 생각한다 이 말이야. 상대적이고 객관적인 '나'를 말하는 게 아니야. 그냥 의심만 하는 거야. '나'라고 하는 이것이 무엇인고? 궁금한데 알지 못해서 의심만 해야지 객관적으로 알려고 해서는 안 돼. 객관적으로 알려고 하는 것은 화두를 잘못 드는 거야. 그냥 의심만 해. 눈으로 보고 귀로 들을 수 없는 거야. 객관적으로 알 수 없는 거야. 대상으로 생각하지 말고 의심해야 해. 의심하는 '나'나, 본래의 '나'나, '나'가 두 개이겠나? 결국은 다 자기지. 그것이 뭐냐? 그렇게 바로 들어가. 화두는 연습 삼아서 하는 게 아니야. 그런 공부는 몇 십 년 해봐야 소용이 없어. 깨달아야 해. 깨닫는 것은 화두만 든다고 해서 되는 게 아니야. 화두를 붙잡고 공부하는 것은 둔한 사람들이 하는 공부야. 원래는 '어떤 것이 부모가 낳기 이전의 본래면목인고?' 이 자리에서 깨닫는 거야. 문답 이전에 깨닫는 거야.

나의 깨달음은 밖에서 구하는 것이 아니야. 마음 바깥에서 부처를 구하는 것은 잘못이야. 지금 '네!'라고 대답하는 자기가 있어 없어? 그 자기를 깨달으란 말이야. 그게 딴 사람한테 있어? 나한테 있으니까 자기한테서 찾아야지. 자기가 뭐냔 말이야. 이렇게 의심해 가. 화두는 자각(自覺)이야, 자각! 가나 오나 앉으나 서나 자기지? '어떤 것이 부모가 낳기 이전의 나이던고?' 의심하는 것도 자기지? 전부 자기로 귀일(歸一)하는 것이지? 그러니까 이것이 무엇인가 이 말이야. 의심이 나지? 자기가 자기를 모르니까? 분명히 나인데 몰라. 불법이고 견성성불이고 다 놓아 버리고 이것만 의심해. 일하면서도 항상 자기가 있으니까 이것이 무엇인고? 말하면서도 자기가 있으니까 이것이 무엇인고? 지금 (자기가) 있지? 이것이 뭐냐 이 말이야. 거기서 꽉 막혀야 돼."

30
깨어 있음이 도가 아니다

서울에서 화가로 활동하시는 한 처사님이 스님을 찾아뵈었다. 일찍이 남방에서 출가하여 수행하다가 문득 현상 너머의 한바탕을 체험했다 한다. 다음은 그분과 스님 사이의 대화를 발췌 정리한 것이다.

"처사는 본인 스스로 성불했다고 생각하나?"

"성불했다, 안 했다는 모르겠습니다. 그냥 깨어 있음은 확인할 수 있는 것 같습니다."

"내 말은 본인이 부처님처럼 깨달았다고 생각하느냐 하는 말이야."

"'부처님처럼'이 어떤 것인지는 잘 모르겠는데, 예를 들어 하늘에 먹구름이 잔뜩 끼어 있는데 아주 좁은 틈으로 얼핏 하늘을 보든지, 구름이 하나도 없는 맑은 하늘을 통째로 보는 것이든지, 하늘이 있다는 것을 확인은 한 건데….'"

"알았네, 알았어. 내가 이야기해 주고 싶은 것은, 남방에서도 아라한의 지위에 도달하지 못하고 아라한이라고 해서는 안 되는 것처럼, 그림 속의 떡을 가지고 떡을 먹을 수 없는 것처럼, 지금 깨어 있는 것 가지고는 견성성불했다 할 수 없는 것이다 이 말이야. 그것은 하나의 부분이지. 백 년 동안의 일이야. 이 우주는 무한하단 말이야. 백 년의 나만 살피는 것이 아니라 영원한 나를 해결해야 돼.

내가 초학자 다루듯 이야기했는데, 모든 것이 근본부터 이루어지는 것이기 때문이야. 불교는 '일초직입여래지(一超直入如來地)'야. 몰록 뛰어서 여래의 지위에 이르는 것이지 6년 고행이나 장좌불와(長坐不臥)를 해서 도달하는 것이 아니야.

앉아 있는 것도 나고, 서 있는 것도 나야. 참선은 앉아 있는 것만이 아니야. 참선은 곧 자기야. 그래서 가고 오고 그림 그리고 생활하는 중에 '이것이 무엇인고?', 이 '나'라고 하는 '이것'이 무엇인가? 만법은 모두 이 '나'라는 '하나'로 돌아가. 이 '나'라고 하는 것은 다른 데에 있지 않아. 자기한테 있어. 말해 봐. 자기가 뭐야?

그게 뭐야?"

"……."

"대답 못하겠지? 그러니까 아직 중생이야. 내가 진리를 다 아는 것 같지만 부처님처럼 깨달은 게 아니구나. 나를 아는 것 같지만 실은 모르는 거야. 부처님이 자기를 깨달았다고 하는 깨달음이 있어. 대오(大悟)가 있어. 그 일체가 내 깨달음 하나야. 잠을 자든, 활동을 하든, 참선을 하든 안 하든, 자기란 것이 있지? 이것이 뭐냐 이 말이야. 이 몸이 있기 전에 있었던 '나', 그리고 이 몸이 없어진 뒤에도 영원히 있을 '나'. 이것이 무엇인고? 이뭣고?

화두는 의심해 가는 거야. 이것은 대상이 아니니까. 상대 같으면 눈으로 보고 귀로 듣고 알지만, 이것은 자기니까 객관, 상대적인 것이 아니지? 그러니까 어떻게 내가 나를 알아? 그렇지? 의심만 해. 아는 게 아니라 깨닫는 거야. 그렇게 의심하고 의심해 가면, 모르고 모르는 속에서 그게 진짜 공부야. 이것은 아는 공부가 아니야.

깨어 있다는 것은 지각(知覺)의 작용이야, 육근 문두(門頭)의 일이야. 그것은 도(道)가 아니야. 그것은 살아 있을 때 지각하는 거야. 죽어서 몸뚱이가 사라지면 인식 작용이 없는데 어떻게 지각을 하나? 이것은 지각도 아니야. 깨닫지 못하면 몰라. 그러니까 내가 깨달았다는 생각 하지 말고, 네가 태어나기 전에 어떤 것이 너냐 하면 대답할 말이 없지? 이 몸 죽고 나면 어떤 것이 너냐 하면 대답할 말이 없지? 그것을 해결해야 해.

결국 내가 깨달아야 해. 말과 글로 아는 것은 아무 소용이 없어. 내가 나를 알 때 부처가 출현해. 옛날 육조 스님한테 남악회양 선사가 찾아오니까 육조 스님이 남악회양 선사에게 '무슨 물건이 이렇게 왔는고?'라고 물었어. 이상하지 않아? 몰라서 도인에게 물으러 왔는데 대선지식이 모르는 사람에게 역으로 물었단 말이 아니겠나? 무슨 물건이 이렇게 왔는고? 모르는 사람한테 무엇 하려고 물어봐? 그것이 선(禪)인 거야! 육조 스님이 '이것이 무엇인고?'를 바로 보여 주었는데 못 알아들으니까 8년을 궁구했다는 거야. 8년이란 말은 8식을 정복했단 말이야. 이치가 그렇다는 거야.

바깥의 모양에 속지를 마. 일체가 공(空)이야. 공이란 꿈속의 사물처럼 실체가 없다는 말이야. 일체 삼라만상은 자기 혼자 꾸는 꿈이야. 공 자체가 없다는 소리는 아니야. 꿈의 주인이 있잖아. 객관적 사실이 존재하지 않는단 말이야. 모든 것이 따로 존재하는 것이 아니고 나를 떠나지 않았단 말이야. 나뿐이니까. 있다, 없다가 같은 말이야. 불이(不二), 둘이 아니야. 그래서 깨닫고 보면 한 물건도 없다고 하는 거야.

'나'란 물건이 있기는 있는데 확실히 뭔지는 모르는 거야. 구름에 가린 듯이 가린 거야. 그 구름만 걷어 내면 본래의 자성광명(自

性光明)이 드러나서 깨닫지 않아도 자연히 깨닫게 되는 거야. 날마다 보고 듣고 같이 사는데 어찌 깨닫지 못할 수 있겠느냔 말이야. 자기가 있는 곳이 부처가 있는 처소야. 그러면 이것이 무엇인고? 그 속에서 부처의 행을 하는 거야.

만법이 '나' 하나로 돌아오는데 이것이 무엇이냐? 우주의 보물이 나한테 있는데 그것을 찾아 써야 하지 않겠나? 꿈을 깨면 나만 있듯이 우주가 영원히 나 하나야. 삼세의 모든 부처님이 모두 '이것'이다 이 말이야. 그게 자기야. 그 자기를 모르니까 이것이 무엇인고?"

31
짜가가 판친다

언젠가 스님께서 유행가에도 참 법문이 들어 있다 하시면서 멋들어지게 노래 한 자락을 들려주셨다.

세상은 요지경, 요지경 속이다.
잘난 사람은 잘난 대로 살고
못난 사람은 못난 대로 산다.
야이 야이 야들아~ 내 말 좀 들어라.
여기도 짜가, 저기도 짜가, 짜가가 판친다.

자기를 잃어버리고 바깥 경계에 속지 말라는 것이다. 모든 모양이 모양이 아닌 줄 알아야 한다. 모든 것은 꿈 같고 환상 같고 물거품 같은 것이다. 짜가에 속지 말아야 한다.

32
짊어질 수도 없고
버릴 수도 없습니다

비가 내릴 듯한 날씨에 소나무 향이 일주문 밖에서부터 진하게 느껴진다. 회사 업무로 바빠 몇 주 못 보았던 최 처사님은 잠시 인사만이라도 드리겠다고 어려운 걸음을 해주시고, 지난주 처음 오셨던 박 거사님 내외도 일찌감치 오셨다. 동래에 사신다는 어느 보살님도 지난 부처님 오신 날 스님을 뵌 인연으로 참석해 주셨다. 다음은 오늘 스님께서 해주신 법문 가운데 일부이다.

"이 모든 것이 내 꿈이라면 이 세상이 뭐야? '나'지? 이 당연한 것이 도(道)야. 우리가 무량겁에 헤매고 수행을 했을지라도 그 모든 것이 꿈이라면 일찍이 헤매고 수행한 바가 없지? 깨닫기 전에는 진짜인 줄 알고 헤매고 수행했는데, 깨치고 보니까 꿈이어서 허망하기도 하지만 조금이라도 움직인 바가 있어? 본래 자기뿐이야!

다른 물건이 있어? 꿈이란 건 나만 있다는 그 소리야. 부처님이 깨달은 것은 다른 게 아니라 우주 전체가 실은 자기 꿈인 것을 깨달은 거야. 진짜가 아닌 것을 진짜로 알았기 때문에 고(苦)가 생겼다 그 이야기야. 그래서 모든 만법이 생겼어. 그렇지만 깨고 보면 자기만 있어. 부처님이 깨달았다는 이야기는 꿈을 깼다는 거야. 그런데 우리는 말로는 내 꿈이라고 하지만 그 꿈을 진짜로 깨지는 못한 거야. 꿈속에서 '이것은 내 꿈이다' 하는 것과 같은 거야.

깨쳐서 성불하면 누구만 있어? 자기만 있지? 그러니까 일체 중생이 다 성불하고 우주가 다 부처님인 거야. 그러니까 다시 닦고 증득할 것이 있어? 나 하나뿐인데 뭘 닦고 증득하겠나? 선(善)도 이것이고, 악(惡)도 이것이지? 다 내 꿈이다 이 말이야. 그러니까 진짜가 아니야. 그리고 다시 누구한테 이야기할 것이 있어? 뭐 사람이 있어야 이야기하지. 꿈속의 사람이 나인데? 내가 나한테 말한다 이 말이야. 그러니까 영원히 무량겁토록 나 하나야. 이것이 부처야. 부처님이 이것을 깨달은 거야. 이것을 삼세제불과 일체 중생이 다 깨달았어도 내가 깨닫지 못하면 관계없는 거야. 업식(業識)을 못 벗어나는 거야. 나를 떠나서 깨달음은 없는 거야. 불법은 내가 깨닫고 나만이 깨달을 수 있는 것이지, 바깥의 다른 사람이 깨닫는 것이 아니야. 이것이 내가 말하는 것의 골수야. 왜냐하면 이것밖에 없으니까!

만법이 하나로 돌아가. 나 하나로 돌아가. 우주가 내 꿈이야.

『화엄경』에 일체유심조라고 말한 것이 그것이야. 나뿐이니까, 나라는 것이 과거·현재·미래로 끊어지지 않고 우주 전체가 바로 나지. 그러니까 두 개가 있겠어? 언제나 하나지? 그래서 늙든 자든 앉든, 언제든지 부처야. 닦고 증득한 게 아니야. 다른 사람이 없어. 그것을 깨치는 거야. 『금강경』에 일체 중생의 갖가지 마음을 여래가 다 안다고 했지? 왜 그렇겠어? 자기니까 알지. 내가 아니라 객관적으로 대상이 있다면 안다는 것은 진짜가 아니지? 자기가 산이면 그대로 산이고, 물이면 그대로 물인 것이지, 우리의 인식 작용은 진짜가 아니지? 그것은 마치 꿈을 진짜로 아는 것과 마찬가지인 거야. 근본을 깨치지 못하니까 그런 거야. 우주는 본래 하나여서 다시 두 개가 되지 않는 거야. 그것이 자기니까 자기를 깨치는 것, 자기 꿈을 깨는 것밖엔 도리가 없어. 그것이 견성성불인데 어려운 것이 아니야. 왜 어려워? 자기가 자기 꿈을 깨지 않으려 하니까 어렵지!

오나 가나 앉으나 서나 자기를 찾아봐. 그런데 이것은 대상이 아니야. 대상은 눈으로 볼 수 있잖아? 그래서 '내가 알았다' 할 때는 대상, 내가 아는 게 있거든? 그런 게 아니야. 대상이 아니니까 내가 안다는 것이 성립이 안 되지. 내가 있으면 됐지 내가 안다 모른다가 무슨 소용이 있어? 알고 모르고는 소용없는 거야. 그래서 할 수 없어서 깨달아 보라고 하는 거야. 아하, 바로 이것('딱!' 죽비를 한 번 침)이었구나! 이것을 모르고, 부처님이 바로 이것(다시 '딱!' 죽비를 한 번 침)이었는데, 내가 헤매었구나! 무량겁을 내가 헤매었단 말이야. 그래서 깨닫는 순간 성불하는 거야. 이것은 두 개가 없어. 바로 내가 부처('딱!' 죽비를 한 번 침)인 거야. 내가 그 속에 있잖아? 자기 눈 찾는 것이 무량겁을 애써 가지고 돼? 안 찾으면 되는 거야, 안 찾으면! 알겠어? 백 년이라 삼만 육천오백 일을 그 속에 살고 있으면서도 그것을 몰라. 온갖 조화를 부린 것이 바로 이것이었어! 나를 떠난 것은 하나도 없어. 그것은 진짜가 아니야."

법문이 끝날 무렵, 박 거사님이 한 주 동안 달라진 경계를 스님께 말씀드렸다. 거사님은 스님을 찾아뵙기 전 이미 오랫동안 이 공부에 공을 들이셨던 분이었다.

"지난주에 스님 뵙고 돌아가서 뭐가 싹 다 놓아졌습니다. 놓고 나니까 전부 하나로 돌아가 버렸습니다. 하나로 돌아가서 아무 일이 없습니다."

"그래, 하나로 돌아오는데, 그 하나가 뭐냐? 그 하나만 깨달아. 하나란 것도 이름이지? 하나란 것이 따로 있다는 것이 아니고, 모두가 하나니까 불법도 이것이고, 불법 아닌 것도 이것이지? 이렇게 깨치면 되는 거야. 그러니까 갈 데가 있어? 뭐가 있어야 갈 데가 있지. 내가 있어? 깨치고 보면 다 나니까 나가 따로 없지?『금강경』 사구게 가운데 '바깥의 모양을 취하지 않아 여여하여 움직이지 않느니라' 했거든? 바깥이 꿈인데 뭐하려고 집착해? 그것이 모양을 취하지 않는 것이야. 꿈이니까 자연히 놓아지잖아? 이것이 여여해서 움직이지 않는 것이야. 놓아서 어디 갔어? 여기 있잖아? 놓아서 놓을 데가 다시 없어. 무슨 말인지 알겠어? 예전에 엄양 존자란 사람이 조주 스님을 찾아와서 '한 물건도 가져오지 않았을 때는 어떻습니까?' 이러거든? 그러니까 조주 스님이 '놓아 버려라.' 그래. '한 물건도 가져오지 않았는데 무엇을 놓아 버리라고 하십니까?' 하니까 '놓지 않으려거든 다시 가져가거라.' 그랬어. 알았어요? 그러니까 '놓아 버렸다'는 데 빠지면 안 돼. 놓아 버렸다는 이야기나 놓지 않았다는 이야기나 같은 이야기야. 하나야. 놓아도 '나'고, 놓지 않아도 '나'야. 그것을 깨달으란 말이야."

"짊어질 수도 없고 놓을 수도 없습니다."

"그게 자기지? 버릴 수도 없고 얻을 수도 없지? 그러니까 그게 뭐냐 이거야. 이것을 깨달아야 다시 어두워지지 않고, 닦고 증득할 필요가 없어. 바로 면전에 드러나 있는 이것! 즉, 현실, 세계, 마음, 이것이 그것이야. 이것이 그대로 도야. 다른 것이 없어. 무엇이 있단 말이냐! 악! 일백 가지 풀의 모양이 다 조사의 뜻이야 (百草頭上祖師意). 일체 만법이 다 조사의 도야."

스님께선 한동안 박 거사님의 공부를 점검하시곤 자기가 깨달은 것이 정말 확실한 것인지 스스로 점검해 보라고 숙제를 내주셨다. 거사님 부인 되시는 분께도 이 공부는 이렇게 도반끼리 경쟁 아닌 경쟁을 하면서 공부해 나가는 것이라 일러 주시면서 더욱 분발할 것을 당부하셨다. 이 공부에 있어 선지식의 인연도 지중하겠으나 도반의 인연도 그에 못지않다고 생각한다. 자기를 돌아보지 않고 이 하나의 진실을 위해 모든 것을 뒤로하고 가야 하는 길에 같은 목적지를 향해 가는 길동무야말로 무엇보다 소중한 인연이 아니겠는가?

33
부처님 오신 날

염화실 가득
맑은 차의 향기 속
본래 오지도 가지도 않은
본지풍광(本地風光)의 소식 뚜렷하다.

문득 어떤 사람이
부처님 오신 뜻을 묻는다면
허공에 떠가는 구름을 가리켜 보이리라.

나무 석가모니불
나무 석가모니불
나무 시아본사 석가모니불.

34
팥빙수 법문

이번 주는 스님께서 우리 가족을 시내로 불러 점심 공양을 내셨다. 우리 집 아이가 좋아하는 면 요리로 스님과 공양을 마치고 근처 찻집에 들려 시원한 팥빙수까지 사 주셨다. 내외지간에 이 공부를 하는 모습이 예뻐 보이셨는지 팥빙수보다 더 달달하고 시원한 법문까지 해주셨다.

"모든 것이 자기 꿈인지도 모르고 배우고 수행한다고 야단하면서 무량겁을 애쓴단 말이야. 불법에도 그래. 모양으로서 나를 보고 음성으로써 나를 구하면 그 사람은 사도(邪道)를 행한다고 그랬어. 불법 속을 더 경계해야 하는 거야. 불교 믿는다고 다 불법이 아니야. 나를 떠난 다른 것은 불법이 아니야.

불보살도 이것을 이야기 못하는 거야. 나니까! 불법을 만났을 때 확실하게 공부해서 생사윤회의 뿌리를 끊어라. 이것이 보임(保

任)이지, 무슨 부처님의 신통묘용을 갖추는 것이 보임이 아니야. 잘못 알면 안 돼.

만법이 하나로 돌아간다, 이것을 알아야 해. 온갖 것이 일체유심조, 삼세제불이 모두 내 꿈, 내 성불 하나만 이야기한 거야. 다른 것을 이야기한 게 아니야. 삼세제불이 아무리 옳게 설(說)했어도, 그것이 구경(究竟)에 내 꿈이니까 다른 것이 되지 않는단 사실을 알아야 해. 그 자체에 뭐가 있는 줄 알면 전부 강아지가 흙덩이를 쫓는 격인 거야. 그래서 무슨 차별지가 있고, 소승, 대승이 있고, 척척 문답을 잘하고…. 다 쉬어야 해. 여기엔 부처도 없고 조사도 없어. 내 꿈인데 누가 안다고 큰소리치나? 오는 족족 방망이지! 나밖에 없으니까! 귀신도 이것은 못 보는 거야. 그러니까 문수, 보현도 여기선 방망이를 맞아. 이것은 등각(等覺)보살[36]도 모르고 오직 부처님만이 안다고 그랬어. 부처님만 안다는 소리도 잘못 알아들으면 안 돼. 자기만이 안다 그 소리야. 자기가 깨닫기 전에는 소용이 없어. 실(實)이 없어. 밥 먹었다고 종일 말하면서도 밥을 안 먹은 것과 같아.

두 개가 없어. 그렇게 되면 성불은 쉬워. 본래 나잖아? 본래 되어 있잖아? 본래 가지고 있잖아? 산은 푸르고 물은 흘러간단 말이야. 해가 동쪽에서 뜨고 서쪽으로 진단 말이야. 다 갖추어져 있

---

36) 수행(修行)이 꽉 차서 지혜와 공덕이 바야흐로 불타(佛陀)의 묘각(妙覺)과 같아지려고 하는 자리. 곧 보살(菩薩)의 가장 높은 자리.

는데…. 내가 손가락 하나 안 움직이고 노력 안 해도 모두 제대로
되어 있어. 그런데 그게 뭐가 어렵다고 안 된다고 하느냐 이 말이
야. 꿈을 못 깨고 깨닫지 못해서 그런 것이야. 핵심은, 자기가 자
기를 깨닫는 거야. 그런데 사람들은 자기가 깨달을 생각은 안 하
고 바깥으로 엉뚱한 짓만 한단 말이야. 꿈속에서 잘하려 하고, 꿈
속에서 수행하는 거지. 그래봐야 꿈이잖아? 헛일이다 그 말이야.

무거무래역무주(無去無來亦無住)라. 나밖에 없으니까 가도 가
도 간 바가 없고, 돌아와도 온 바도 없고, 머문다 해도 머문 바가
없어. 나뿐인데 무엇에 머물고 안 머물겠나? 조주 '무(無)' 자를 알
아야 하는데, 그것을 실생활에서 깨달아야 하는데, 우리는 이론
으로만 알고 있거든? 그것은 소용없어. 그래서 홀연히 깨쳐야 한
다는 거야. 버스 안에서 사람들이 시끄럽게 떠들잖아? 그런데 홀
연히 깨치고 보니까 그게 자기 꿈이거든? 떠드는 것이 그 사람이
아니라 그게 바로 내 세계였어. 아이구, 이게 내 마음 하나니까
똑같은 거구나! 그 다음부턴 떠들든 말든 자유자재인 거야. 전쟁
을 하든 평화롭든, 다 똑같아. 다 부처님이란 말이야. 하나란 말
이야. 마음이란 말이야. 그것이 일체유심조야!

한 번 깨치면 모두 철저하게 통달한다고 하잖아? 삼세제불이
이것(탁자를 한 번 '탕!' 침)이거든? 그러니까 임제 스님이 깨치고 나
선 황벽의 불법이 별것 아니다 그랬거든? 자기인데 뭐. 그런데 요
즘 사람들은 화두 들고 참선하려고만 하지 자기가 견성하려고는

안 하고 있어. 이게 큰 병이야. 성불은 내가 하는 성불만이 진짜야. 불교가 부처님 일이 아니라 자기 일인 줄 알아야 해. 자기 생사 해결하는 길이라 그 말이야. 그래야 찾지 않고 공부에 바로 들어가지.

육조 스님한테 남악회양 선사가 찾아오니까 '무슨 물건이 이렇게 왔는고?' 이렇게 물었거든? 너는 뭐냐 이 말이여, 네가 부처인데 너는 놔두고 왜 나한테 물으러 왔느냐 이 말이야. 나(육조)한테 있는 게 아니다 그 소리야. 그런데 그것을 모르고 또 '이것이 무엇인고?' 이러고 있거든? 자기를 되물었는데, '이것이 무엇인고?' 하고 앉아 있어? 미망(迷妄)을 벗어나지 못해서 이야기해 줘도 몰라.

깨닫는 것이 바로 성불이고, 성불이 바로 깨닫는 거야. 고금(古今)을 통틀어 애초부터 뭐가 있지 않아. 이것 하나뿐이야. 그러니까 변하고 움직인 것이 없지. 그래서 이름이 부처야. 구래부동명위불(舊來不動名爲佛)[37]! 부처란 것은 없단 말이야. 이것뿐이니까! 있고 없고 전체가 다 포함된 것이지. 벗어난 것이 있을 수 없다 이 말이야. 부처가 갈 데 없이 하라 그 말이야. 부처가 갈 데가 없어 나에게로 돌아오게 하라 그 말이야. 구경에 다 나로 돌아오니까 한 물건도 없지! 나란 것도 존재하지 않지! 내가 있다 해도 이것이고, 없다 해도 이것이지! 모든 일이 다 이것이야! 삼세제불의 설법이 다 이것이야! 불법과 불법 아닌 것이 다 이것(탁자를 한

---

37) 예로부터 변함없어 이름을 부처라 하네. 『법성게』의 마지막 구절.

번 '탕!' 침)! 둘이 아닌 것, 있다 없다가 다 이것(탁자를 한 번 '탕!' 침)! 생사를 벗어났다, 윤회한다가 둘이 아니야. 이것(탁자를 한 번 '탕!' 침) 하나뿐이야. 자기 하나뿐이니까!"

35

다른 물건이 아니다

제법 무더워진 날씨다. 법당 앞 잔디밭에 까치 두 마리가 뛰논다. 지난주부터 오신 보살님 한 분과 스님 법문을 들었다. 다음은 그 보살님을 위해 스님께서 하신 법문의 일부다.

"견성성불이 거룩한 것이지만 그 낙처(落處)를 알면 어려운 것이 아니야. 낙처를 모르니까 무량겁에 애를 써. 그것은 자기가 꿈속에서 무언가를 잘하려고 하는 것과 같아. 꿈속에서 아무리 잘해 봐야 꿈이지? 그러니까 근본이 꿈속인 줄 알고 자기의 부족한 점, 그 습기(習氣; 이때까지의 습관, 버릇) 등을 녹이면 공부가 빨리 성취된다 이 말이야. 낙처를 알아야 해. 그냥 화두만 드는 게 아니고. 그것을 모르니까 의심하라 하는 거야. 꾸준히 노력하면 돼. 그 노력은 다른 사람이 해주는 것은 소용없어. 저 부처도 소용없어. 자기가 노력해야 해. 자기 깨달음이야.

보살님이 아직 견성하지 못한 이유는, 내가 깨친다는 간절한 생각이 없었고, 또 간절히 하지도 않았어, 그렇지? 그런 까닭으로 깨닫지 못한 것이지 못 깨닫는 게 아니야. 공부가 다른 게 아니야. 내가 성불하겠다는 그것이야. 화두를 들면 깨친다는 이것 하나면 되는데 그 간단한 것을 사람들이 안 하거든? 스스로 하지 않고 경전이나 다른 것을 쫓아가. 그래서 결과가 복덕(福德)은 쌓을지 몰라도 견성성불은 못하는 거야. 사람이 가르쳐 주지 않아도 배고프면 밥 먹고 피곤하면 자지? 그건 누구나 하지 말라고 해도 하는 거야. 그 속에서 그렇게 하시라, 공부를 열심히 하시라 그 말이야.

이 공부는 그저 하면 좋은가 보다 하는 식으로 해서는 안 돼. 그게 아니고, 내가 나고 죽는 이 문제가 중요한데 거기서 벗어나야겠지? 내가 빨리 여기서 벗어나야겠다, 살아 있을 때 간절히, 자기가 자기를 채찍질해서 열심히 해. 공부는 자기가 하는 거니까. 공부는 대신해 줄 수 없어. 부처님이 우리를 다 성불하게 해줬어도 보살님 자체가 몰라. 이것이 무엇이냐 그 말이야, 이것이! 우리는 모르니까 내 몸 안에 있네, 밖에 있네, 그러는데 그게 아니야. 내 생활이라는 것, 인생이라는 것, 존재하는 이것 자체, 이게 뭐냐 말이냐 이 말이야. 나다 너다 그런 소리가 아니야. 스스로 깨달아. 이것이 뭐냐고 묻는 그 낙처를 알아야 해. 그러면 그것이 성불이야.

이것이 어려운 것이 아니고 스스로 깨달을 수 있는 것이야. 밤낮 멍청이같이 선방에 앉아서 '이것이 무엇인고?' 해서 되는 게 아니다 이 말이야. 이것이 지금 나인데 왜 이것을 못 깨달았어? 이것만 해결하면 된다는데? 진실한 마음, 간절한 마음. 옛사람들은 화두할 때 간절(懇切)에다가 간절할 절(切)자를 덧붙이라고 했어. 간절한 가운데 더욱 간절하게 하라. 공부하는 사람들이 한때는 다 그렇게 해야 발명(發明; 안목이 밝아짐)을 하는 거야. 누구한테 자랑할 것도 없이, 뜻을 세우고 입을 딱 닫고 자기 스스로 하라 그 말이야. 내가 이것을 이루어 내지 못했는데 친구들이랑 맛있는 것이나 먹고 놀러 다닐 수 있느냐. 큰 마음을 가져야 해. 우주를 삼키는 큰 마음. 내 생사를 해결하는 거야. 대신심(大信心), 큰 믿음을 가지고, 대의심(大疑心), 그 다음에 왜 해결이 안 되느냐 대분심(大忿心), 이 셋이 하나가 되면 이루어진다 그랬어. 열심히 해봐."

사시 예불을 마치고 염화실에서 스님과 차를 마주하고 앉아 오랜만에 공부 점검을 받았다.

"달마스님이 '관심일법 총섭제행(觀心一法 總攝諸行)'[38]이라 그랬거든? 마음이란 게 뭐야? 내 마음 하나, 이것으로 보는 것, 다른

38) 오로지 마음을 지키는 한 가지 공부에 모든 행이 있다.

것이 없어. 그것은 변형이 안 돼. 그것을 깨치는 거야. 그러니까 이 세상이 그대로 환(幻)이고 꿈이지. 그런데 밖으로 닦아서 밝아지고 어쩌고 그런 거, 부처의 경지, 그런 것이 있는 줄 알고 쫓아가서는 안 된다 이 말이야. 그것은 그림자를 붙잡으려고 하는 것과 같아. 그림자를 붙잡을 수 있나? 물속의 달그림자를 아무리 건져 봐야 달을 못 건지잖아? 실은 달은 이미 자기야! 이것이야! 이미 되어 있어! 그런데 그것을 놓아두고 따로 바깥에서 찾는 것은 자기 얼굴의 눈을 놓아두고 다른 데서 눈을 찾는 것과 같은 이치야. 그것은 진짜 부처가 아니야, 아무리 신통묘용을 갖추었어도.

신통묘용과 삼세제불이 출현해도 이것인 줄 알아야지. 나오고 들어감이 없는 것! 여래는 간다거나 온다거나 하지 않는다고 했잖아? 불취어상(不取於相)하면 여여부동(如如不動)할지니라. 스스로 철저하게 깨달아서 대장부가 되라 이 말이야. 자기가 주인이야. 부처고, 조사고, 큰스님이고, 도(道)고, 있지를 않아. 이제 알겠지? 그런데 우리는 큰스님들의 법력에 속아 버린단 말이야. 끌려가. 큰스님이 없는 게 아니고 계신다 할지라도, 부처도 이것이고 나를 여의지 아니한 거야. 중생도 이것이고 나를 여의지 않았어. 삼계가 한 물건도 없어. 나뿐이다 이 말이야. 왜 있는데 없다고 하느냐 하면, 나뿐이니까 없다고 한 거다 이 말이야. 그러니까 위대한 부처님의 경지가 따로 있다고 생각하면 저 부처님에게 속는 거야. 그게 바로 자기인데 어디에 있어? 흉악한 짓을 한 중생

들이 있다고 생각하는 순간에 악도(惡道)에 떨어지는 거야. 그것
은 있지 아니한 거야. 환(幻)이다 그 말이야. 한 물건도 실은 없어.
나만 있으니까 나도 따로 있다고 할 수 없지? 있다 해도 이것이
고, 없다 해도 이것이지? 온통 자기야. 그래서 다시는 나 하나여
서 다른 물건이 되지 않는다 그 말이야. 그것의 이름이 부처님이
다 이 말이지.”

“제가 스님을 찾아뵙고 얼마 지나지 않아 여전히 두 조각으로
보던 것이 싹 사라졌습니다.”

“그럼 거기서 자기 공부를 해야 돼. 조사들 말 따라가지 말고.
아, 이것이 내 자성을 이야기한 것이다. 『벽암록』이고 『염송』을 보
다 보면 차별지가 나오거든? 모르면 그 경계가 따로 있는 줄로
아는데, 막히니까 공부를 하는 거야. 임제종에서는 빈주구(賓主
句)[39]로 알아낸다 이랬거든? 그런데 임제종이 있고 빈주구가 있
는 게 아니야. 온통 이것(손가락 하나를 세워 보이심)이야. 임제종
이 뭐고, 운문종이 뭐야? 이거(손가락 하나를 세워 보이심)다, 자기

---

39) 사빈주(四賓主). 빈(賓)은 객(客)을 뜻함. 임제 스님이 스승과 학인 간의 기량을
    네 가지로 나눈 것. 학인이 뛰어나 스승의 기량을 간파하는 객간주(客看主), 스
    승이 학인의 기량을 간파하는 주간객(主看客), 스승과 학인의 기량이 모두 뛰어
    난 주간주(主看主), 스승과 학인의 기량이 모두 열등한 객간객(客看客)을 말함.

다 이 말이야. 이렇게 알아야 요달하는 것이고 견성이고 성불이지, 임제종과 운문종의 차별지를 아는 것은 소용이 없는 거야. 그리고 물으면 척척 답하는 것 그것도 소용없는 소리고, 마구니 소리고. 자기인 줄 요달해서 차별지라든지 화두에 속지 않고, 조사의 경계에 속지 아니해야 돼. 조사의 경계가 무엇이야? 허깨비 아닌가? 실제로 있는 게 아니다 이 말이야. 그것을 있는 줄 아는 순간에 내가 속는 거야. 있으니까 나와 두 개가 되잖아? 별개가 있게 되고, 내가 모른 것이 있게 되고. 모르면, 깨치지 못했으면 그건 있는 거지. 그러면 공부를 해야지. 그것이 없어질 때까지.

깨닫는 것이 중요해. 그런데 우리는 다른 스님이 어떻게 해서 어쨌다, 그런 것을 쫓아가거든? (다른 사람이) 깨닫는 게 있지를 않아. 자기 깨닫는 것 하나뿐이야. 이 우주 가운데. 그러니까 일체가 다 내 자성이구나, 이렇게 자기 성불을 해야지, 경전의 차별지니 52점차(漸次)⁴⁰⁾니 그런 것을 쫓아가서 이루어 봤자 헛일이야. 그건 아니거든? 그것은 벌써 뭐가 있는 거잖아, 깨달음이! 있는 게 아니야. 불법은 자기니까 자기 깨달음 하나뿐이거든? 그러니까 따로 뭐가 있다고 하면 그것은 잘못이야. 진짜 도(道)라고 하는 것은 하나야, 자기 하나! 다른 것이 없어. 그런데 사람들은 그걸 모르거든? 자기가 설마 부처인 것을, 도인 줄, 이미 이루어져 있는 건 줄 몰라. 그러니까 바깥으로 조사선을 찾고 차별지를 찾

---

40) 『화엄경』에서 말하는 보살의 수행 계위.

고 그런단 말이야. 그건 깨닫지 못한 사람들, 아직 공부가 덜 된 사람들이야. 우주를 통틀어서 이 한 물건이다, 세계일화(世界一花)[41], 부처님 한 분! 그러니까 부처님도 있지 아니해. 그래서 공(空)이라 하는 거야. 대통지승불이 십 겁을 도량에 앉아 있어도 불법이 나타나지 않아서 성불하지 못했다고 했지? 무량겁을 그 자리에 우리가 앉아 있는 거야. 어째서 성불하지 못했느냐 하면 자기니까 못한다 이거야. 나 아닌 것은 이루겠지만 이미 나를 어떻게 이루겠어? 그렇게 되어야 해.

'이즉돈오(理卽頓悟)나 사비돈제(事非頓除)[42]라 그러잖아? 그런데 깨달음에는 이즉돈오가 있지를 않아. 우주 전체가, 과거·현재·미래, 우주 자체가 이미 이것이다 이 말이야. 자기뿐이야. 이것이 견성이지, 이(理)가 따로 있고 사(事)가 따로 있는 게 아니야. 이사(理事)가 둘이 아니다 이 말이야. 불이(不二)야! 부처님이 뭐냐? 중생이다. 마구니가 뭐냐? 부처님이다 이 말이야. 왜? 다 나니까. 거기엔 이유가 없어. 다른 물건이 있어야 부처다, 중생이다 할 것인데 그 물건 하나 가지고 아무리 닦고 닦아야 결국 그 물건이지? 본래 그것밖에 없으니까. 본래 이 한 물건밖에 없어. 그것을 깨치는 거야. 본래 한 물건이란 자기야. 본래 나밖에 없으니까 여기서 시공(時空)이 이루어졌어. 그러니까 미륵불이 출현했어

41) 세계는 한 송이 꽃이라는 뜻.
42) 이치는 단박에 깨닫지만 현실의 습기는 단박에 없어지지 않는다.

도 그게 나지. 내 꿈이란 말이야. 삼세의 모든 부처님이 내 꿈이지? 그건 자기란 말이지? 이 물건이지 다른 물건이 될 수 없는 거야. 이것이 견성이야. 이제 확실해지지? 그런데 그 전에는 이치로는 알았는데 현실에서는 그렇지 못해서 두 조각이 났지?"

"네. 그랬는데 내 생각에 내가 속았구나 하면서 하나도 더할 수 없고 하나도 뺄 수 없다는 것이 너무나 분명했습니다."

"옳지, 그렇지. 그러니까 다른 물건이 있는 줄 아니까 안 되는 거야. 그래서 '이뭣고' 하라는 거야. 크게 깨치라는 거야. 크게 깨치면 온 우주 삼세제불이 이거다 이 말이야. 그러면 우주도 있는 게 아니지? 항상 여여부동하지? 항상 한 물건이 형탈근진(逈脫根塵)[43]해서, 마음이 이 몸뚱이 속에 있는 게 아니야. 중생들은 마음이 어디 있느냐 하면 몸 안에 있다고 그러거든? 마음이 내 안에 있다, 나한테 있다 이 정도밖에 말하지 못한단 말이야. 그런 게 아니야. 이 우주 전체가, 있는 것이든 없는 것이든 마음 아닌 게 없어. 우주잖아? 이거야!

불법은 자기 성불의 종교야. 실제로 내가 성불하지 못했으면 불법을 만난 게 아니야. 그것은 가짜 불법이야. 그것은 생사윤회를 못 면해. 그런데 생사윤회가 바로 이것인데, 내 꿈인데 무슨

---

43) 여섯 가지 감각기관과 여섯 가지 대상 경계에서 멀리 벗어남.

생사윤회를 하나? 무량겁 을 생사윤회 한다 할지라도 잠꼬대 하는 소리고 어젯밤 꿈이다 이 말이야. 실(實)이 아니다 그 말이야. 언제든지 나인데? 그러니까 이것은 내보일 수도 없고 말할 수도 없고, 오직 스스로 깨닫는 자만이 이심전심(以心傳心)한다 그러는 거야. 그러니까 일체의 화두니 말과 글자가 소용이 없어. 그거 다 쓸데없는 소리야. 심 거사, 구경(究竟)까지 가. 이것뿐이지 다른 게 있는 게 아니구나, 생사도 이것이고 다른 것이 아니구나, 이렇게 되어야 해. 내 말 알았어?"

"네, 옛날에는 뭔가 자기란 경계가 있는 줄 알았는데….”

"그러니까, 자기가 있으니까 수행이 있어. 닦고 증득하는 게 있고 수행이 있어. (참으로 깨닫고 나서) 뭔 이야기를 하면 옆에서 미친놈이라고 하거든? 똑같거든? 광명이 안 나.

어쨌든지 스승을 믿고, 내가 선지식 회상에서 지내보니까, 해안(海眼) 스님도 그러시고, 스승이 반을 해결해 준다 그러시던데, 나는 그렇게 생각 안 해. 나는 스승이 전부 다 그래. 만나지 못하면 반이 어디 있어? 들어오지 못하는 거야. 그리고 스승을 만나도 스승을 믿어야 되고. 선방에 앉아 있다고 공부 되는 게 아니야. 그래서 선지식을 찾으라고 그러잖아? 그러니까 이것은 불가사의한 도야. 도를 깨닫지 아니한 사람은 몰라.

심 거사도 나한테 처음 왔을 때는 자기 딴에는 어느 정도 알았다고 생각하지 않았어?"

"네, 뭐 안다고 생각하고⋯."

"알기는 알았는데 단지 현실에 부딪혀서는 안 되니까 현실과 하나가 되게끔 도력(道力)을 증장하고 공부하고, 이렇게 생각했지?"

"그건 아니었고요, 뭔가 석연찮은, 찜찜한 구석이 있었어요. 분명히 눈앞의 이대로가 진리인데, 그럼에도 불구하고 내가 있는 듯이 느껴졌는데, 그것이 어느 순간 스님 법문 듣다가 사라졌습니다. 따로 나라고 할 것이 없고 전체구나, 뺄 수도 없고 더할 수도 없고⋯."

"이것뿐이지? 그냥 그대로지?"

"네."

"그래, 이것이 하나야. 하나란 것만 깨치면 되는 거야. 하나가 무엇인가? 그런데 우리는 하나란 대상이 있다고 생각하는데, 하나니까 하나가 있지 아니하지?"

"그렇습니다."

"나니까, 나 하나니까 내가 있지 아니하지. 이것이 하나의 의미야! 이것이 자기라는 것이야!"

"네. 무봉탑(無縫塔), 꿰맨 자국이 없다는 말이 확실합니다."

"그렇지. 꿰맨 자국도 없고, 누가 이야기하더라도 그건 소용없는 소리야. 물을 마셔 보면 차고 더운 것은 나 스스로가 알지 다른 사람이 아는 것이 아니지 않나? 그런데 우리는 다른 사람한테 있는 줄 알아. 그래서 공부를 못하는 거야. 바깥으로 찾는다는 말이 그 말이야. 나를 놔두고 바깥으로 찾는다 그 소리야. 대통지승불이 무량겁을 앉아 있어도 불법이 나타나지 않아서 성불하지 못했다는 말의 의미를 알아야 해. 알지 못하는 사람들은 대통지승불도 과거에 수행할 때 오랫동안 수행했구나, 이렇게 알거든? 그러니까 안목이 없는 거지. 부처님이 비유로 이야기한 거야. 본래 이 한 물건뿐이다, 언제든지 이것이다 이야기한 거야. 그런데 우리는 이 한 물건이 따로 있는 줄 알아. 그러니까 항시 수행이 따로 있고, 소승과 대승이 생기고, 바깥 경계가 있어. 깨쳐 버리면 나란 것이 없지? 그 사람은 중생하고 똑같지만 같이 지내도 물드는 것이 없어. 뭐가 없으니까. 만법이 모두 공한 것이야."

점심 공양을 스님과 함께 하면서 결코 물러나거나 어떠한 상
(相)에도 머물지 말고 꾸준히 공부해서 구경(究竟)에 다다를 것을
당부하시는 간절한 말씀을 들었다. 텃밭에서 따 온 상추로 맛나
게 쌈을 싸서 공양을 마치고 소나무 그늘 아래로 은은한 이 법의
즐거움을 만끽하며 걸어 내려왔다.

36

꿈에서 깨어나라

　　장마로 무더운 토요일 오전, 알음알음으로 스님을 찾아온 분들과 예불을 모시고 스님의 법문을 들었다.

　　"불교는 실(實)이 아니야. 여러분 『반야심경』 외울 줄 알죠? 그 『반야심경』의 요지가 뭐야? 공(空)하다는 것 아니야? 관자재보살이 오온(五蘊)[44]이 모두 공한 것을 비추어 보시고 일체의 고액(苦厄)을 제도했다 그랬잖아. 우리는 우리의 삶과 현실 이것을 진짜로 알아. 그런데 실은 이것이 진짜가 아니다, 『반야심경』이 그 이야기야. 색, 수, 상, 행, 식, 우주 만법을 이루는 요소가 공했다, 없다 그 소리야. 색(色)은 있다는 이야긴데 그것이 공(空), 없다는 이야기야. 이것이 불교야. 우주가 공했다는 말은, 진짜가 아니란

---

44) 오온은 개인 존재를 구성하는 5개의 집합, 즉 색(色), 수(受), 상(想), 행(行), 식(識)을 말한다.

소리야. 공이라는 게 따로 존재하는 게 아니고, 꿈을 꾸면 그 꿈이 진짜야, 가짜야? 가짜지? 꿈이니까? 그와 같이 이 우주 전체가 진짜가 아니고 꿈이다 이 말이야. 꿈인데 누구의 꿈이야? 내가 꾸는 꿈이야. 자기 꿈이야. 그러면 누구만 있어? 나만 있다, 이것이 핵심이야.

『화엄경』에 일체유심조, 일체가 마음이 만든 것이다… 일체가 마음이란 말은, 일체가 나 하나다 그 소리야. 그런데 왜 없다 하느냐? 마음이란 게 따로 있지 아니하다 그 말이야. 그러니까 없다는 거야. 왜? 나 하나니까, 내 꿈이니까. 이게 불교야. 간단한 거야. 그래서 선사들이 부처가 오면 부처를 죽이고, 조사가 오면 조사를 죽인다 그런 거야. 모두가 나이고 내 꿈인데, 부처나 조사가 따로 있을 수 없지? 전부 나니까. 처음도 나고, 중간도 나고, 끝도 나야. 그래서 삼세제불, 과거의 부처님, 현재의 부처님, 미래의 부처님이 마음을 설했는데, 마음이 뭐냐 하면 자기다 그 말이야. 나 하나를 이름해서 마음이라 하고, 자기라고 한다 그 말이야. 우리는 보통 생각하기를, 나는 빼놓고 나 바깥에 우주가 있다고 생각해. 그렇죠? 이렇게 하니까 자기 스스로 두 개를 만들어 내. 그래 놓고는 그것을 사실이라고 배우고 익히고 따라가. 머릿속에 든 것이 잘못된 교육을 받아서 잘못된 생각만 꽉 차 있어. 그래서 이 불법을 배우려면 내가 듣고 배운 이 지식을 놓아 버려야 해.

우리가 꿈을 꾸면 꿈속에서는 현실에서처럼 내 모양을 가진 이것만 나인 줄 알아. 그런데 꿈을 깨 보면 꿈속에서의 내 모양뿐만 아니라 꿈 전체가 자기였잖아? 그러니까 현실세계도 마찬가지다 이 말이야. 우주 전체가 자기이고 마음이다 그 말이야. 그것은 이름이 없으니까. 그러니까 나고 죽는 이것(육신을 가리키시며)이 내가 아니고 우주 전체가 내 몸뚱아리야. 이것을 청정법신(淸淨法身)이라고 하는 거야. '보화비진요망연(報化非眞了妄緣)'이요, '법신청정광무변(法身淸淨廣無邊)'이라 했어. 보신(報身)과 화신(化身)은 진짜가 아니고 망령된 인연인 줄 알면, 법신(法身)은 청정하여 끝없이 넓다 이 말이야. 전체가 나이면 두 사람이 없죠? 그렇다면 나가고 들어감이 있겠어? 없지? 가고 옴이 없어! 본래. 그래서 일체가 공이야. 일체 작용이 환이고 꿈이다 그 말이야. 이것을 이름하여 부처라 했어. 과거도 부처, 현재도 부처, 미래도 부처님뿐이야. 그 부처님이 나란 소리야. 그것이 견성성불이라고 하는 거야. 그래서 불법은 처음도 내 성불을 이야기한 것이고, 중간도 내 성불을 이야기한 것이고, 끝도 내 성불을 이야기했어. 처음도 중간도 끝도 자기다, 이 마음이다, 그래서 일체유심조라고 하는 거야. 그리고 『금강경』에 일체법이 모두 불법이다 그랬지? 다 부처님이란 말이야. 그것은 다 자기라 그 소리야.

　마음이 부처라고 하니까 세상 사람들은 정신이나 영혼을 자기로 알아. 그래서 몸뚱아리는 죽지만 혼(魂)은 다른 데로 가서 나고 죽는 생사윤회를 끝없이 한다 그러잖아? 그 혼을 자기로 아는데 그것은 크게 잘못된 것이야. 그것은 생사윤회법이지 불법이 아니야. 진리가 아니다 그 말이야. 나라는 것은 이 몸뚱아리 속에 있는 것이 아니고 이 우주에 가득 찬 이 자체, 허공 세계 이것이 바로 자기야. 나 아닌 것이 없어. '불신충만어법계(佛身充滿於法界)', 부처님의 몸이 이 법계에 가득 찼다 이 말이야. 인연 따라 부처님이 계시지 않은 곳이 없어. 불법은 둘이 아닌 거야. 둘이 없어. 왜 둘이 아니라고 하느냐? 나니까, 나 하나니까 그래. 얼마나 기가 막힌 이야기냔 말이야. 자기가 부처야. 그걸 부처님이 깨닫게 해주신 거야."

한 보살님이 스님께 질문을 드렸다.
"스님, 이게 전부 내 꿈이라 하셨는데, 어떻게 하면 꿈을 깹니까?"

"공부를 해야지. 지금 안 됐으니까. 이름이 공부지만, 어떻게든 깨달아야 하지 않겠어? 지금 어떻게 해야 깨닫느냐고 물었지? 간단하잖아, 자기가 깨달으면 될 것 아니야. 어떤 사람이 의사도 아니면서 자기 깜냥으로 어디가 아픈 것 같아서 의사를 찾아갔단 말이야. 그런데 의사가 진찰해 보니까 병이 없는데 스스로 병이 있다고 생각해서 찾아왔거든? 그래서 의사가 에라 모르겠다, 아무 약이나 주면서 이거 먹으면 나을 거라고 그러니까 그걸 믿고 약을 먹으니까 나은 거야. 본래 병이 없어, 부처님 말씀은. 자기가 부처라 그 말이야. 내가 중생이 아니고. 중생, 부처되는 사람이 아니고 온통 나 하나뿐이니까 병이 있을 리가 있나? 자기라는 게 본래 부처다 이 말이야. 그걸 스스로 깨닫지 않으면 안 돼."

다른 보살님 한 분이 다시 질문을 드렸다.
"자기가 깨달으려면 공부하는 법이, 그러니까 어떤 식으로 공부를 해야 성불할 수 있습니까?"

"공부하는 법이 따로 있는 게 아니야. 『금강경』에 불법은 무유정법(無有定法)이라고 했어. 불법은 정한 바 법이 없어. 어떻게 하든지, 모로 가든 거꾸로 가든 서울만 가면 된다 그 소리야. 이미 부처인데, 성불 다 되어 있는데, 그걸 모르니까 어떻게 하면 성불하느냐고 물어. 본래 병이 없는 사람이 의사한테 가서 왜 약 달라고 해? 그건 오히려 병을 키우는 거지? 그래서 우리는 공부한다면서 병을 키우는 것과 같은 이치다 이 말이야.

지금 '어떻게 하면 성불합니까?' 그랬는데, 이 세상이 전부 자기 꿈이면 누구만 있지? 자기만 있지? 그렇다면 성불한다 해도 자기고 성불 못한다 해도 자기지? 이런 식으로 생각하란 말이야. 일체유심조로 생각하라. 뭐든지 일체유심조구나, 다 '나'구나. 딴 물건이 아니구나. 그런데 우리는 자기 성불이 따로 있는 줄 알아. 나

는 성불 못했다 그러고. 다 나이면 나란 게 따로 있어? 없죠? 전
부가 나인데 이 몸뚱아리 이것을 나라고 알고 스스로 나는 나고
죽는다, 나는 성불 못했다 이렇게 생각한다 이 말이야. 그게 잘못
된 생각이니까 그것을 깨달으란 소리야.

그래서 다 놓아 버려라 하는 그 소리가 불법을 공부하기 이전
으로 돌아가라 그 소리야. 불법도 모르고 이런 이야기도 몰라, 그
래도 내가 있지? 밥 먹고 살잖아? 그러면 되잖아? 그게 병 없는
사람이지. 그런데 그 이치를 모르니까 공부를 하시라. 그러면 제
일 쉬운 방법은, 여러 말 할 것 없어. 이것이 무엇인고 해. 그런데
이것이 무엇인고 하기 전에 나라는 게 있지? 언제든지 자기란 게
있지? 이것이 무엇인고? 항시 자기가 있는 그때 생각을 돌이켜서
자기가 자기를 생각해 보라. 모르니까, 깨닫지 못했으니까. 다른
길이 없어. 내가 나를 생각해. 착한 일 하고, 바깥으로 불법을 닦
으려고 하지 말고.

다른 사람이 뭐냐 그 이야기가 아니야. 부처님이 뭐냐 그 이야
기가 아니야. 앉든 서든 가든 오든 언제나 있는 이것이 뭐냐 이
이야기야. 나는 불법을 모른다, 참선을 안 해봤다 이게 아니야.
나라고 하는 것은 불법을 알기 이전에도 있어 없어? 내가 불법
을 알아도 자기야. 이것이 뭐냐 이거야. 언제나 자기 스스로 이것
이 무엇인고 하면 이것이 참선이지, 선방에 앉아 있는 것만이 참
선이 아니다 이 말이야. 항시 어디를 가든지 바쁘게 일할 때도 늘

같이 있는 것, 자기한테 있는 이거, 이것이 무엇이냐 이 말이야. 이 생사를 해결하는 길은 구경에 내가 깨닫지 않으면 아니 되는 거야. 불법이 성립이 안 돼. 자기가 자기를 찾는 것, 이것이 견성 성불이야.

　꿈을 깨야 불법이 성립이 돼. 완성이 돼. 큰스님들이 이 공부에서 미세망상 이야기를 한 것이 있어. 꿈인 줄 알기는 알았지만 아직 습기가 남아 있다 그 소리야. 그 이야기는 아직 완전히 꿈을 깨지 못했다는 소리야. 좋은 꿈을 더 꾸어 봤으면, 꿈을 깨려니 서운하네, 이러는 거야. 그런 마음이 남아 있다 이 소리야. 마음이 완전히 없어지지 않았어. 그러면 '이 사람 아직 덜 깼네, 정신 차려!' 이러잖아? 내가 완전히 꿈을 깨면 병이 없어, 꿈이 없는데, 전부 나로 돌아왔는데, 성불하면. 꿈을 완전히 못 깼기 때문에 미세망상이 남아 있어. 꿈인 줄은 알아. 어슴푸레하게. 자기가 꿈꾼 줄은 알아. 그렇지만 아직 그 꿈에 미련이 남아 있다 그 말이야. 그거 뭐 대단한 게 아니야. 그냥 깨면 돼. 그러면 성불하는 거지, 그 미세망상을 없애려고 또 무량겁을 닦고 그러면 그것은 어리석은 짓이야. 왜냐? 본래 한 물건, 나만 있기 때문이야. 그래서 일체유심조라고, 일체가 다 불법이라고 이야기했어. 불법의 처음도 이것이고, 중간도 이것이고, 끝도 이것이야. 다른 게 아니야. 누구? 나!"

스님께선 『법화경』에 나오는 궁자(窮子)의 비유를 들어 말씀하
시고는 우리 모두가 부처님의 자식으로 그 유산을 받을 수 있다
는 자신감을 가지고 공부해 나갈 것을 당부하시면서 법문을 마치
셨다.

37
본래인

사시 예불 마치고 요사채로 공양하러 내려가는 길에 스님께서 말씀하셨다.

"자기한테 없는 것을 바라지 마라. 결국은 공(空)이다."

"네, 스님."

"본래인(本來人)[45]을 매각(昧却)[46]하지 마라."

"네, 스님."

---

45) 일체의 번뇌와 망념에 물들지 않는 절대 주체. 주인공. 불성. 마음.
46) 어둡게 만든다는 뜻.

요사채 앞 소나무 가지 위에서 까치가 울고 장마를 앞둔 날씨
는 푹푹 찐다.

38
백척간두에서 진일보하라

어느 날 오후 예전에 나와 같은 회상(會上)에서 공부를 했던 50 대 후반의 도반 한 분이 경기도에서 찾아오셨다. 오랫동안 이 공부에 힘쓰다가 10여 년 전 통 밑이 빠지는 듯한 체험을 한 이후로 한없이 편안하고 아무 일이 없지만, 법에 대한 안목이 분명하고 뚜렷하지 않은 상태로 한동안 공부를 놓고 지내셨던 분이다. 며칠 전 5~6년 만에 우연히 전화 통화를 하다가 내가 스님을 찾아 뵙고 공부 경계에 변화가 온 과정을 말씀드렸더니 불원천리(不遠千里) 찾아오신 것이다. 마침 출타 중이시던 스님과 어렵게 연락이 닿아 만남을 주선할 수 있었다. 메밀국수로 저녁 공양을 대신하고, 어느 찻집에서 스님께 그간의 공부 과정을 말씀드리고 가르침을 함께 들었다.

"스스로 돌이켜 봐서 자신의 생사 문제를 해결 못했을 것 같으면 공부를 해야 돼. 지금 화두 같은 것을 안 하고 다 놓아 버렸다고 하는데, 대부분 자신의 문제를 완전히 해결하지 못하고 그 자리에 머물러 있는 경우가 많아. 아무 할 것이 없거든? 거기에 머물러 있는 수가 많아. 그러면 내가 부처님처럼 궁극에 가지 못해. 그건 자기를 속이는 거야. 그 결과로 내 생사윤회를 못 면해. 거기서 '백척간두진일보(百尺竿頭進一步)'라는 말이야. 백척이나 되는 장대 끝에서 한 걸음 나아가면 떨어져 죽잖아. 아무것도 없으니까. 아무것도 없는 데서 한 걸음 더 나아갈 줄 알아야 하는 거야. '현애살수장부아(懸崖撒手丈夫兒)'라고 그러잖아? 천 길이나 되는 낭떠러지에서 손을 놓아 버리는 장부가 되어야 해.

꿈꿔 봤지? 꿈속에 나란 모습 하나 있잖아? 그리고 다른 사람 모습도 있잖아. 그런데 꿈속에선 그것(꿈속의 나란 모습)을 나인 줄 알거든? 꿈꿀 땐 그것이 현실인 줄 알아, 꿈인 줄 몰라. 그래서 그것이 나이고 다른 사람인 줄 알고 이야기하고 생활하고 사건을 겪다가 꿈을 깨고 보면 누구만 있어? 자기만 있잖아. 그러고는 '아, 내가 꿈을 꿨구나.' 이러잖아? 시간과 공간, 온 우주, 만법 이것이 바로 자기 꿈이다 이 말이야. 나 하나지 다른 사람이 없어. 그걸 깨닫는 거야. 나 하나니까 바로 자기지. 난 여기 있잖아? 나 아닌 것이 없어. 두 개가 없어. 다 나야. 우주를 벗어난 것이 없는 것처럼, 내 꿈을 벗어난 것이 없어. 그러니까 우주가 바로 나고, 내가 바로 우주지. 그러니까 생사윤회라든지, 불법이 모두 내 손

159

아귀 안에 있는 것이지 다른 데 있는 게 아니야. 부처님이 그것을 깨달은 거야.

부처님이 깨닫고 보니까 자기거든? 그러니까 다 부처지. 부처 아닌 것이 없지. 그러니까 그게 하나지. 만약 부처와 중생이 있다면 두 개잖아? 불이(不二)라는 것이 존재하지 않아. 세상 사람들이 두 개가 있는 것처럼 생각하기 때문에 두 개가 아니라고 이야기하는 것뿐이야. 왜 두 개가 아니냐? 나다 그 말이야. 나 하나, 자기인 것을 깨달아 버리면, 온갖 변화 작용이 나뿐이잖아. 그러면 쉴 것 아니야? 꿈이라면 잘 살기 위해 애쓰고 생사에서 벗어나려 하겠어? 온갖 불법을 닦아서 성불한다 해도 꿈이야. 실(實)이 아니야. 우주 삼라만상이 실이 아닌 줄 알고 쉬어 버릴 줄 알아야 해. 놓아 버릴 줄 알아야 해. 거머쥐려 해도 꿈이고, 놓아도 역시 꿈이야. 본래 그리 되어 있어. 나라고 하는 것이 이것(탁자를 톡톡 두드림)이다 이 말이야. 나란 존재가 바로 이것이야.

우리는 꿈속의 나란 형상을 나로 알듯이 현실의 이 몸뚱아리를 자기로 안다 그 말이야. 그러니까 아직 못 깨치는 거야. 우주 전체가 자기야. 전체가 나 하나니까, 가는 것도 없고 오는 것도 없지? 두 개가 없지? 그 두 개 없는 것이 불이(不二)야. 만법이 귀일한다, 만법이 나 하나로 돌아와. 이 마음 하나로 돌아와. 그래서 일체유심조야. 일체가 불법이라고 『금강경』에 그랬잖아? 일체가 불법이지, 불법 아닌 게 없으니까. 그러니까 부처님께서 불법도 놓아 버려야 하거늘 불법 아닌 것일까 보냐 하신 거야. 부처님과 부처님 아닌 중생 일체가 전부 하나다 이 말이야. 누구 하나야? 나 하나다 이 말이야. 자기 하나인 것을 깨달은 것이 견성성불(見性成佛)이야. 내 말에 의심 없으면 그게 바로 견성성불이야. 그러니까 이것은 본래 그리 되어 있지, 수행해서 되는 게 아니야. 나하나니까. 일체 만법이 모두 이거(손가락 하나를 들어 보임)라. 이름이 없으니까. 나 하나, 마음, 내 꿈, 부처님, 공(空)이야. 공이란 게 따로 있다는 게 아니고, 나뿐이니까 있는 게 아니지? 이것은 있는 것도 아니고 없는 것도 아니고 본래가 그래. 이것은 사람이 수행해서 만든 게 아니고, 본래 나란 게 있잖아? 나라는 것이 본래 이렇다 그 말이야. 몸뚱아리야 백 년 뒤에 없어지지만 나뿐인 이것은 없어지는 것이 아니지. 우주 일체가 나니까 그대로 그 복락(福樂)과 수용을 나만이 가지고 있지.

부처님이 49년 설법을 하셨는데 설한 바가 없다고 하셨거든? 석가도 몰랐거니 가섭이 전할쏜가, 그런 이야기도 있어. 천상천하(天上天下) 유아독존(唯我獨尊)이란 말도 그 말이야. 화두란 것은 전부 자기란 소리야. 조주는 왜 '없다'라고 했느냐 이 말이야. 그리고 황벽 스님은 임제 스님이 불법을 물으러 오니까 막 두들겨 팼거든? 바로 너인데 또 무엇을 찾으려 하느냐 그 말이야. 다른 데서 찾을 수 없어. 결국엔 내가 성불해야 되는 거 아니겠어? 그러니까 나로 돌아와야 되는 거야. 나로 돌아오지 않고 바깥으로 찾으면 그게 어리석은 거야."

이어 스님께서는 자기 눈을 찾는 어리석은 사람의 비유를 실감
나게 들려주시고 말씀을 이어 가셨다.

"지금 자기란 게 있잖아? 이거(탁자를 탕탕 침)! 이것이 바로 그
거지! 이 세상 삼라만상이 자기야, 자기 꿈이야. 다른 사람이 없
어. 그런데 무슨 더하고 덜하고, 수행하고 안 하고가 있겠나? 본
래가 그래. 과거도 나였고, 현재도 나이고, 미래도 나야. 우주가
생기기 전도 나고, 생긴 뒤의 이것도 나고, 멸한 뒤도 오직 자기
야. 이것이 자기인 줄 알아야 운명을 내가 손에 걸머쥐고 법에 자
유자재하고 견성성불하는 거야. 무슨 말인지 알겠지? 간단한 거
야. 그렇게 공부하면 돼.

고요하고 밝은 게 아니야. 통 밑이 빠졌다는 소리는 통했다는
소리야. 나라는 것에 집착하고 있었는데 그것을 뚫고 우주 공간
으로 나갔다 이 말이야. 통해 버렸다, 자기로 돌아갔다 그 소리
야. 본래의 나, 큰 나, 대아(大我), 전체인 나로 돌아왔다, 꿈을 깼
다. 그렇게 공부하면 돼. 그런데 다른 데서 헤매고 허덕이면 안
돼. 나는 공부할 것이 없다고 안 해 버리면 그것은 무기(無記)[47]
야! 자기가 부처인데, 깨달으면 성불하는데, 그런 보물을 놔두고

47) 아무런 생각이 없는 멍한 상태.

무량겁토록 운명의 노예가 되어서 생사에 허덕인단 말이야? 그게 누구의 허물이냐 하면 내 허물이야! 여기서 백척간두진일보, 한 걸음만 나갈 줄 알면 우주의 비밀한 문을 열게 된다 이 말이야. 그렇게 되면 생사와 열반이 다 허공의 꽃이라, 나고 죽는 이것이 다 꿈이야. 그게 자기 성불이야. 그게 삼세의 모든 부처님이고.

우주 아닌 것이 없지? 그런 것처럼 내 세계 아닌 게 없지. 우주가 바로 이것이야. 사람들은 우주가 있는 줄 알지만 우주가 바로 자기 꿈이야. 이게 바로 자기야. 이것이 실(實)이 아니지. 구경(究竟)에 나니까. 그래서 이것을 마음이라 하고 부처라 하는 거야. 『화엄경』에 일체유심조란 말이, 일체가 마음으로 이루어졌다, 일체가 이것이다, 일체가 나로 이루어졌다 그 소리야. 다른 게 아니야. 핵심은 자기라는 사실을 깨달아야 한다 그 말이야. 누가? 내가! 다른 사람 깨달은 것은 내 것이 아니니까.

어떤 사람들은 지금 화두를 타파한 사람도 없고 도인(道人)도 없다 이러거든? 참 불쌍한 사람들이야. 자기가 화두를 타파한 사람이고 도인인데, 자기를 놔두고 다른 데서 찾으니까 없지. 그러면 무량겁을 지나도 안 되는 거야. 깨달았든 못 깨달았든 나란 존재가 있는 이상은 이것이 성불이지, 이것 놔두고 뭐가 있겠어? 내 밝은 안목을 놔두고 어디서 찾느냐 이 말이야. 어리석은 꿈속에서 헤매면 안 돼. 화두를 드니 안 드니 그런 시시한 소리 하면 안 된단 말이야. 어찌 되었든 부처는 나인 줄 알아야 해. 도인은 내 마음인 줄 알아야 해. 다른 데서 찾는 것은 속는 거야."

그리고 『육조단경』에서 선정과 해탈을 논하지 않고 오직 견성
만을 말한다는 대목을 들어 말씀하셨다.

"우리는 보통 참선을 해서 선정에 들어야 한다고 하는데, 그건
망발이야. 왜 그런고 하니, 선정에 들었다면 들어간 게 있고 안
들어간 게 있잖아? 해탈이면 해탈된 게 있고 안 된 게 있잖아? 대
도(大道)는 되고 안 되고, 출입이 없어. 어쩔 땐 되고 어쩔 땐 안
된다면 그것은 대도가 아니지.
　선방에 앉아서 밤낮 화두 드는 것은 깨닫지 못하니까 공부하라
고 그렇게 이야기한 거지. 바로 자기를 깨달으라 그 소리인데 밤
낮 '이것이 무엇인고?', 그런 죽은 소리 하면 안 돼. 옛날 어른들
말이 있어. 정중(靜中; 고요한 가운데)에 깨치면 힘이 약하다, 경(經)
을 보고 깨치면 힘이 약하다 그랬어. 요중(鬧中; 시끄러운 가운데)에
서, 생사 속에서 생사 없는 도리를 깨쳐야 비로소 자유자재하는
거지, 고요하고 아무 일 없는 데서는 누구든지 편안하게 지낼 수
있잖아. 위빠사나나 명상에 잠겨서 마음을 고요하게 하는 것은
어린아이를 달래는, 못 알아들으니까 달래는 소리야. 대도는 본
래 둘이 없어. 고요함과 시끄러움이 둘이 아니야. 모든 게 다 꿈
이라니까, 실(實)이 아니야!

그렇게 깨달은 사람을 요사범부(了事凡夫)라 그래. 일 마친 범부, 겉모습은 아무 표가 없거든? 도인이라 그러는데 밥 먹고 잠자고, 장좌불와 하는 것도 없고 중생인 나하고 똑같단 말이야. 그런데 그 사람이 바로 일 마친 사람이더라 그 말이야."

멀리 떨어져 있으니 시간 날 때면 경전이나 조사 어록을 보면서 그 내용과 얼마나 계합되는지 살펴보라 하시며 이후의 공부 길을 일러 주셨다. 생활 속에서 공부를 놓치지 않고 늘 자기 하나를 돌아보라 하셨다.

39
불교 포교가 안 된 이유

스님께서 출가 첫해 오대산에 공부하러 가셨다가 어떤 처사를 길에서 만났다. 점잖은 사람이라 이야기를 나누다 보니 그 처사가 이렇게 말했다.

"기독교는 포교가 많이 되어서 젊은이들이 교회를 많이 찾는데, 불교는 포교가 잘 안 된 것이 문제입니다."

그 말을 듣고 스님께서 이렇게 말씀하셨다.

"그러시다면 처사님께선 불교를 아십니까?"

그러자 처사는 아무 대답도 못했다.

"처사님 자신도 불교를 모르는데 무슨 포교가 되었다 안 되었다 할 수 있겠습니까? 자신이 알 생각도 안 하는데 무슨 남의 이야기를 하십니까?"

불교는 자기 문제이니 남의 일이 아니란 말씀이다. 자기 문제인데 어떻게 게으를 수 있겠는가?

40
화두와 상기上氣

　초복의 무더위를 한 줄기 소나기로 달래며 예불을 마친 후 몇
몇 신도 분들과 스님의 법문을 들었다. 스님 법문의 핵심을 간단
히 말하자면 다음과 같다.

　"삼세의 모든 부처님과 그 부처님이 설한 아뇩다라삼먁삼보리
법이 결국은 나 자신의 성불을 말한 것이다. 내가 깨달아야 하는
것이다. 이것이 불법의 시작이자 끝이다."

　스님께선 공부 방법을 묻는 신도들에게 보통 '이뭣고'를 하라고
하시는데, 어느 보살님이 "'이뭣고'를 아무리 해도 답이 안 나옵니
다."라고 스님께 여쭈었다. 그러자 스님께서 다음과 같이 말씀하
셨다.

"이뭣고를 하는 것도 이것, 부처님이고, 이뭣고를 안 하는 것도 부처님이야. 이것이 온통 다 나 하나, 내 꿈이야. 그러니까 두 사람이 없다. 부처님이 그것을 깨달은 것이야. 둘이 아닌 것이 불법이야. 그러니 이뭣고에 답이 있을 리가 없지. 이것이 뭐야? 나잖아? 자기잖아? 자기인 것을 깨달으면 된다, 꿈을 깨면 된다 이 말이야.

꿈을 깨기 전에는 이 현실이 진짜인 줄 알아. 그래서 무량겁에 나고 죽고, 나고 죽고, 자기가 자기한테 속으면서 생사윤회를 해. 다른 사람 탓할 게 없어. 내가 못 깨달아서 그래. 깨달음이란 모든 것이 나 하나란 것을 깨닫는 것이야. 견성성불이라 하는 것은 나만이 할 수 있어. 부처님이 하고 저 스님들이 하는 것은 진짜가 아니란 말이야.

화두는 의심이 나야 해. 이것이, 내가 무엇이냐 이 말이야. 그것을 깨달으면 해결되는데, 그것을 깨닫지 못하는 경우에는 답이 없는 거야. 답이 있으면 안 돼. 그것을 깨달으면 견성성불이야. 화두만 타파하면 그 자리에서 견성성불해서 생사를 벗어나서 저 부처님과 조금도 다르지 않아. 자기가 부처인데 어떻게 다르겠어? 본래 그리 되어 있어. 그런데 우리는 이 몸뚱아리, 이 죽는 것, 이것만 보이니까, 이것만 있으니까, 이것만 겨우 나로 알고, 없는 나, 진짜 나, 영원한 나는 모른다 이 말이야. 그러니까 이것이 무엇인고? 이것이 무엇인고도 할 필요가 없어. 자기인데 왜 몰라? '내가 무엇인고?' 하다가 '아, 난데!' 하고 깨달으면 그만이지. 그것을 모르니까 답답하게 앉아서 '이뭣고?' 하고 있는 거야."

한동안 공부하는 이의 자세와 마음가짐에 대한 간절한 법문이 이어졌다. 법문 막바지에 처사 한 분이 상기(上氣)[48]가 된 상태에서도 화두를 계속 들어야 하는 것인지에 대해 질문을 드렸다.

"그렇게 하면 안 돼. 머리로 화두를 밀고 나가는 것은 병이 나. 화두 하는 것을 쉬어 버리고 마음으로 화두를 들어. 몸뚱아리로 화두를 드는 게 아니고, 화두는 의심이야. 반드시 해야 하는 일이 있는데 자기가 그 일을 하지 못했으면 언제나 그 일을 안 잊어 버리잖아? 그것은 잊어버리려야 잊어버릴 수 없잖아? 화두를 그렇게 해야 해. '이것이 무엇인고?' 안 해도 의심이 안 떠난단 말이야. 이것이 화두를 들지 않으면서 든다는 그 이야기야. 너무 급하게 하면 머리가 아프고 조이고 열이 나고 그러거든? 이것은 몸뚱아리로 하는 것이 아니야. 이 몸뚱아리를 몰아붙이지 말고. 마음이라고 하는 것은 이 몸뚱아리 안에만 있는 것이 아니야. 전체가 마음이야. 그러니까 이 마음으로 화두를 들어. 화두를 잘 들면 자연히 상기병은 낫는 거야. 자기 눈앞 세 치 앞에 마음을 두고 '이것이 무엇인고?' 의심하거나, 화두만 생각하면 머리가 아프고 그

---

48) 억지로 애를 써서 화두를 들어 기운이 머리 쪽으로 치미는 것.

러면 잠시 쉬어. 혹은 단전호흡을 하라 하거나 그러거든? 자기가 해봐. 처음엔 화두를 들지 말고 단전으로 호흡을 해. 들이마셨다가 단전에 머물렀다가 내쉬고, 이러면 자연히 머리 무거운 것이 없어지고, 몸뚱아리도 없어지고 호흡만 남아 있어. 그러면 호흡을 들이마셨다가 내쉬면서 '이것이 무엇인고?' 의심하고. 스스로 방편을 써 봐. 몸뚱아리를 잊어버려. 그래도 '나'라는 게 있어. 그 의심이 있어. 마음이 있는 거야. 몸뚱아리가 의심하는 게 아니야. 의심 없이 무데뽀로 하니까 상기가 오는 거야. 의심 없이 하는 것은 화두가 아니야. 이뭣고, 이뭣고 하는 것은 화두가 아니다 그 소리야.

　깨치고 보면 자기가 언제나 부처님이야. 이뭣고 하고 있는 그 놈이 부처님이야. 모른다 하는 그것이 아는 것이야. 알고 모르는 게 둘이 아니야. 온통 하나니까. 언제든지 나는 부처님이다 그 말이야. 자기가 부처님이야. 이게 어려운 게 아니야. 찰나간에 깨쳐. '일초직입여래지'라 그랬어. 몰록 뛰어 여래의 지위에 들어간다, 성불한다. 어려운 게 아니야. 몰라서 어렵지. 가나 오나 서나 앉으나 믿음을 갖고, 부처님께 나를 깨닫게 해주십시오, 나를 찾게 해주십시오, 원력(願力)을 세우고, 그것도 금생에 해결하게 해달라고 원력을 세우면서 '이것이 무엇인고?' 해. 주위를 돌아보지 말고 오직 의심 하나, 그렇게 해 나가면 깨닫지 못할 이유가 없어. 다 깨달아. 그런데 핵심은 자기가 깨닫게 된다는 것, 그것이 삼세의 제불이 증명한 거야. 내가 깨닫기 전에는 진짜 성불은 없는 거야.

너무 머리 아프게 하지 말고 쉬어 가면서 하더라도 항시 의심은 있어. 화두를 안 들어도. 자꾸 이것이 무엇인고, 이것이 무엇인고, 억지로 생떼로 알려 하니까, 그렇게 알아지는 게 아니야. 그러니까 병이 생긴다 이 말이야. 그것은 화두를 잘못 드는 거야. 화두란 것은 자연스런 의심이야. 의심으로 깨고, 의심으로 활동하고, 의심으로 사는 거야. 이전에는 잘못 하면 어쩌나 어떻게 하면 돈을 버나, 인생문제 해결하는 거기에만 신경을 썼는데, 화두를 하는 사람은 오직 한 생각, 나라는 '이것이 무엇인고?' 이 의심으로, 모르니까 궁금하게 여기는 거야. 이걸로 일어나고 가고 오고 이걸로 살아. 그러면 해결이 돼. 의심나는 것이 있으면 자꾸 질문을 해. 공부가 안 된다고 내팽개치지 말고, 스승하고 자꾸 문답도 하고, 채찍질하고 공부하려고 해야 되는 거지, 멍청하게 선방에 앉아서 옆 사람 흉내만 내고 앉아 있다고 해서 되는 게 아니야. 선방에서 10안거를 했다느니 그러는데 그것이 부끄러운 것인 줄 알아야 해. 10년 동안 뭐 했는데 못 깨쳤냐 이 말이야. 스스로 분심을 내라 이 말이야. 옛날 큰스님들은 물으면 방망이로 두들겨 팼어."

스님께선 황벽 스님과 임제 스님의 기연을 들려주시면서, 비록

매를 맞지는 않았지만 자기가 아직 깨닫지 못했다는 것을 매 맞은 것처럼 여기고 믿음을 가지고 분심을 내서 공부를 지어가도록 당부하셨다.

법문이 끝나고 나와 보니 법당 앞 돌사자가 소나기에 말갛게 씻겨 있었고 허공엔 구름 사이로 푸른 하늘이 드러나 있었다.

41
일불승

마른장마로 무더운 토요일, 일전에 스님을 찾아뵈었던 나의 옛 도반 한 분이 대덕사를 찾아왔다. 스님 처소인 삼광전 마루턱에 앉아 한 잔의 차를 마주하고 스님의 법문을 들었다.

"이 우주가, 삼세제불이 있어도 실제로 있는 것은 하나라고 했어. 그것을 일불승(一佛乘)이라고 했거든? 딴 것을 이야기할 수가 없어. 『법화경』에 부처님은 일대사인연을 위해 출현했다고 하거든? 일대사인연이란 불법을 열어서(開), 보이고(示), 깨달아(悟), 들어가게(入) 한다, 이 일을 위해서 부처님이 출현했다고 하거든? 그런데 불법이란 있는 게 아니야. 언제든지 하나니까! 이것(손가락 하나를 들어 보임)이니까! 그런데 우리 중생은 내가 있고 거룩한 부처님이 있다고 항상 두 조각을 내 버려. 상대를 만든단 말이야. 그것이 바로 미망(迷妄)이야. 우리가 옳다고 생각하는 그것이 틀린 거라. 업보에 의해 나온 것이지 내가 깨달아서 나온 게 아니야. 깨달으면 우주가 전부 하나거든? 하나란 말은, 하나 둘의 하나가 아니고 전부 우주만 있다 그 소리지. 우주 아닌 게 없다 그 말이야. 전부란 말이야, 전체!

'나'란 게 있지? 자기는 못 떠나잖아? 내가 무슨 짓을 하든 나야! 그 나라고 하는 것이 몇 개야? 우리는 내가 있고 이 우주가 있다는 관념 속에 살거든? 내가 우주를 벗어날 수 있어? 벗어날 수 없지? 우주는 나까지 포함한 전체가 우주지? 그런데 우리들은 자기는 빼놓고 우주, 바깥세상을 이야기해. 우주를 대상으로 파악해. 해나 달처럼. 그런데 우주란 나까지 포함해서 우주야. 내가 우주고, 우주가 나란 말이야. 나와 우주가 둘이 아니라 그 말이라. 그래서 바깥으로 보지 말고 자기 자성을 회광반조(廻光返照)[49]하라, '이것이 무엇인고?' 이렇게! 그러면 그것이 바로 자기야. 나와 우주가 없는 거지. 전부 자기고 전부 우주지. 그래서 전부 이것이 이름하여 부처님이라 그 말이야. 부처님이 따로 있는 것이 아니라, 나라는 이것이 바로 부처님이야. 나를 떠나서 따로 존재하는 물건은 없다 그거라. 우주가 나이고, 부처님이 나이고, 마음이 나야.

부처님 경전도 이것을 설한 거야. 나라고 하는 이것! 이것만 알면 돼. 그건 자기한테 있잖아? 이 우주 세계, 눈앞에 밝게 펼쳐

---

49) 자신을 반성해서 곧바로 자기 심성의 신령한 성품을 되비쳐 보는 것

져 있거든? 이거야! 이것을 모르니까 따로 '이것이 무엇인고?' 찾고 있단 말이야. 내가 나고 죽고 하는 이것이 바로 자기이고 부처다. 나란 것이 따로 있는 게 아니고, 시공(時空)이 바로 자기야. 우리가 경전을 보면 경전의 부처님 말씀에 속아 버려. 왜냐하면 나는 모르고 부처님이 깨달은 진리가 있다고 하니까, '그것이 무엇인고?' 하고 현혹된단 말이야. 실은 그런 게 있지 아니해. 그런데 깨닫지 못하면 있는 거지. 우리가 없다 해도 있잖아? 생사가 없다 해도 죽는데 어찌하겠나? 사는데 고(苦)가 있잖아? 그런데 이것이 언제든지 하나고, 언제든지 하나니까 다 똑같지? 그것이 자기고 꿈이다 그 말이야. 변화하고 움직임이 있어도 그런 일이 없다 그 소리야. 겉의 변화에 속지 마라 그 소리야. 그래서 일찍이 한 물건도 더하지 않았어. 본래부터 나뿐이야. 본래부터 부처님뿐이고, 마음뿐이고, 이 물건뿐인 거야. 이 물건뿐이니까 우주에 가득 차서 더 적어지지도 않고 더 커지지도 않는 거야. 이렇게 깨치면 이것이 부처야!

멀리서 오고 가고 수고할 필요가 없어. 자기한테 있는데 뭐하려고 멀리 가서 부처를 찾겠어? 처사님이 항시 집에서 직업에 종사하며 세상을 살면서 그것이 바로 자기 꿈, 내 꿈이니까 나지, 딴 사람이 없지, 이렇게 알면 뭐하려고 이 더운데 부산까지 와서 절을 하고 앉아서 그럴 필요가 없는 거야. 이미 나에게 있으니까. 이야기 더 들어 봐도 이 한 물건뿐이야.

스님네가 권하고 부처님이 강조하는 이야기는, 조금 밝아지면 다 알거든? 들으면 알고 다시 의심하지 않거든? 그렇게 그냥 지냈다가는 큰 손해야. 거기서 백척간두진일보하라, 벼랑 끝에 매달려 손을 놓아 버리는 게 대장부라, 우주 가운데 나를 놓아 버려야 해. 나고 죽는 이게 나가 아니야. 꿈속에서 보는 나야. 꿈속에서 보는 내가 어찌 나인고? 꿈 전체가 나지. 그런 것처럼 백 년 살다 생사윤회하는 이게 내가 아니야. 이 무량겁의 집착을 버리고 우주 전체를 획득해야 된다 그 말이야. 이게 바로 나니까. 그러면 다시 두 물건이 없지. 그래서 그것을 나 없다고 부처님이 말씀하신 거지. 이것이 나 없는 것이지, 나 없는 경지가 따로 있는 게 아니야. 그런데 거기까지 가지 못했거든 구경(究竟)까지 공부를 해야 한다. 내가 성불할 때까지. 그것이 견성성불이고, 반드시 있는 거야.

공부를 어느 정도 해서 밝아지면 거기서 머무르지 않는 것이 제일 중요해. 이것은 머무름이 없는 거야. 왜냐하면 구경에 도달하니까. 그건 머무는 게 아니야. 본래 나니까, 내가 그 자리에 있는데 다시 머물고 말고 하겠어? 일체가 성립이 안 돼서 공(空)이라고 그래. 만법개공!

구경에 도달하지 않고 스스로 구경에 도달했다고 믿어 버리는 것이 불쌍한 일이지. 조금만 더 나아가면 대우주의 운명을 다 철저하게 깨치는 그런 자리에 도달해서 성불할 텐데 어느 정도 이르러서 설법이 되고 사람들이 받드니까 공부를 놓아 버리고 자기가 자기한테 속아 버려. 그래서 이것은 구경에 도달하기가 참으로 어렵다. 우주 가운데 한 사람뿐이야. 두 사람이 없어. 두 사람이 있다면 거짓인 거야. 그 하나를 부처님이라 하고 일불승이라 하는 거야."

42
경계에 집착하지 말라

　얼마 전에 스님을 찾아뵈었던 처사님 한 분이 모 선원에서 나흘간 집중수행을 마치고 오셨다기에 스님께서 어떻게 공부했는지 물어보셨다.

　"(집게손가락을 오므렸다 펴면서) 무엇이 이렇게 하느냐는 화두를 받고 잠자는 시간을 빼고는 앉아 있었는데, 첫째 날은 환상도 나타나고 그랬고, 둘째 날부터는 화두를 갖고 밀어붙였는데, 나흘째쯤 되니까 화두를 잡고 가슴이 꽉 막혀서 죽을 것처럼 있다가 그것을 넘어서는 순간 터져 나가 버리더라고요. 가슴이 없는 것처럼 텅 비고, 아픈 것도 다 사라져 버리더라고요. 그게 터지기 전까지는 어깨도 깨질 것 같고, 가슴도 터질 것 같고, 다리도 끊어질 것 같고 그랬는데, 터지는 순간에는 거의 간질 발작하듯이 그런 게 나타나더라고요. 그리고 그 순간 이후 며칠까지는 번뇌

망상이 들지 않더라고요. 그냥 보는 대로 보이고 안경을 썼다 벗은 것처럼 환하게 보이더라고요. 지금도 머릿속에 불이 하나 딱 들어와 있는 것 같습니다. 제가 보니까 깊이 들어간 것은 아니고 그저 초심자 정도의 경험을 한 것 같습니다."

"스스로도 그렇게 생각해? 스스로 생각하기에도 화두를 타파한 게 아니구나 하고? 그건 잘 생각했어. 뭐 머리로 가슴으로 터져 나가고 하는 것이 궁극이 아니야. 화두 타파라는 것은 자기가 부처라는 것을, 생사, 우주의 모든 문제를 해결하는 거, 자기가 성불하는 거, 그것을 말해. 내 생사를 해결하는 것이지 중간에 화두가 이런 뜻이다 해서 자기가 몸소 증험했다 이런 것을 말하는 게 아니야. 화두라는 것은 타파를 해야 돼. 선방에 앉아 있는 게, 체험이 문제가 아니고. 뭉쳤다 바깥으로 빠져나가고 하는 그런 이야기는 완전히 잠꼬대 같은 이야기야. 그걸로 통과했다고 생각하는 것은 크게 잘못하는 거야.

손가락 이것을 움직이는 것이 무엇인고, 그 말이지? 이것이 무엇인고, 그 말이야. 이 몸을 끌고 다니는 것, 자기라는 것. (손가락을 움직여 보이며) 누가 이 손가락을 움직여? 몰라? 자기잖아? 자기가 (손가락을 움직여 보이며) 이렇게 했잖아? 부처님이 (손가락을 움직여 보이며) 이렇게 했어? 남이 (손가락을 움직여 보이며) 이렇게 했어? 아니지? 내가 (손가락을 움직여 보이며) 이렇게 했는데 그 '나'

라는 이게 뭐냐 이 말이야. 손가락이 스스로 움직인 게 아니잖아? 자기가 움직였다 그 말이야. 그러니까 그 자기를 가리킨 거야. 손가락을 움직이는 게 따로 있다는 게 아니고.

그걸 모르니까 걸어가는 것이 무엇인고, 앉는 것이 무엇인고, 밥 먹는 것이 무엇인고, 이렇게 각각으로 쫓아가거든? 그렇게 하지 말라고 하는 말씀이 있어. 물론 한 의심만 해 나가면 그것도 틀린 것은 아니야. 그 한 물건이 보기도 하고, 듣기도 하고, 말하기도 하고, 그러니까 그게 뭐야? 자기잖아? 이 몸뚱아리는 백 년 뒤에는 내가 아니니까 영원한 내가 아니고, 죽지 않는 영원한 내가 보고, 듣고, 말하고, 우주를 살아간다 이 말이야. 이것이 뭐냐 말이야. 자기가 뭐냐 그 소리야. 이 손가락 움직이는 게 따로 있고 내가 따로 있는 게 아니지? 그 물건이 여기까지 와서 이야기를 듣고 있다 그 말이야. 손가락을 움직이는 놈이나 듣고 있는 놈이나 똑같은 거야.

자기란 게 있죠? 김 처사, (손가락을 움직여 보이며) 이 손가락을 오므리는 게 누구야? ('접니다.'라고 대답.) 그렇지! 자기란 게 다 있어. 이것이 뭐냐 그 말이야. 의심이 안 드니까 손가락을 움직이는 게 뭔고 이렇게 하는데, 한 의심으로만 가면 되는데 손가락에만 정신이 팔릴 수 있으니까 이것이 무엇인고, 자기가 뭐냐 이 말이야. 손가락을 움직이는 것뿐만 아니라, 눈으로 보고, 귀로 듣는 것이 다 자기 아니야? 그러니까 자기란 이것이 무엇인고? 그게

181

이뭣고 화두야.

머리로 빠져나가고 손으로 빠져나가고 하는 소리는 그 스님 회상을 욕하는 소리와 마찬가지야. 그것은 아주 초보적인 이야기지 선(禪)이 아니야. 그것을 선으로 생각하고 공부하면 안 돼. 공부라고 하는 것은 무겁고 깨질 것 같았던 머리가 시원해지고 그런 게 아니야. 그런 건 선이 아니야, 화두선, 간화선은 더구나 아니고. 위빠사나보다 더 못해. 공부하다 보면 환상이 나타나듯이 가지가지 현상이 나타날 수 있어. 그래서 혼자 토굴에 들어가서 공부하지 말라고 하는 거야.

옛날에 어느 토굴에서 스님 하나가 아주 공부를 열심히 했어. 그래서 큰스님이 옷을 한 벌 지어서 시자를 보내 전해 주라고 그랬어. 그런데 그 토굴 스님이 자기한테는 부모에게 받은 옷이 이미 있다고 옷을 받지 않더래. 그래서 큰스님이 다시 그렇다면 부모한테 이 몸 받기 전에는 어떤 것이 스님 옷인가 하고 물으라고 그랬어. 그랬더니 대답을 못했다는 거야. 나중에 토굴 스님이 돌아가셔서 화장(火葬)을 했더니 사리가 무수히 나왔어. 그러니까 사람들이 훌륭한 스님이라고 사리 친견한다고 난리가 났거든? 그러자 큰스님이 뭐라고 했냐 하면, 부처님처럼 사리가 여덟 섬 너 말이 나와도 내 말에 답변하지 못하면 그건 아니다 그랬어. 불법이 아니다 그 말이야. 소용없다 그런 말이야. 생사를 못 면한단 말이야.

그러니까 화두를 드는 것은 견성해야 돼. 깨달아야 돼. 그런 체험에 빠지면 큰일 나. 그런 경계가 나와도 인정하면 안 돼. 우리가 살다 보면 즐거운 때도 있고 괴로운 때도 있고, 무슨 일이 해결될 때도 있고 해결 안 될 때도 있잖아요? 내가 항시 하는 이야기가 이것 전체가 자기가 꾸는 꿈이다 이 말이야. 그러면 무슨 일이 일어나든지 꿈이잖아? 꿈 가운데 일이라 그 말이야. 수행도 마찬가지고. 견성은 그 꿈을 깨는 거야. 꿈을 깨면 자기만 있거든? 다른 사람이 있을 수가 없어. 그러니까 부처도 '나'고, 중생도 '나'고, 사는 것도 '나'고, 죽는 것도 '나'고, 일체가 다 해결이 된단 말이야. 자기니까. 이 변화와 움직임, 내가 공부를 하고 수행을 하고 한 것, 일체 작용이 내 꿈이다 이 말이야. 그게 진짜야? 진짜가 아닌데 우리는 그것을 진짜로 집착하기 때문에 문제가 생겨. 그래서 『금강경』에 '모양을 취하지 않으면 여여(如如)하여 움직이지 않는다.' 그랬어. 그 모양을 취하지 마라. 왜? 그건 꿈이니까, 진짜가 아니니까. 그런데 우리는 모양을 진짜로 여기니까 업보를 못 벗어나고 자기의 꿈을 못 깬다 그 소리야.

김 처사, 알겠어요? 공부하는데 경계를 따라가지 마라 그 소리야. 불법은 무유정법(無有定法)이야. 이것이라고 정해져 있는 게 아니야. '내가 그런 체험을 했습니다.'까지는 좋은데, 그것은 화두선이 아니다 그 말이야. 외도들 가운데도 열심히 수행하고 고행하는 사람들은 그 사람 나름대로의 경지가 있어. 부처님 당시에도 부처님이 그것을 다 체험해 보고 구경(究竟)이 아니다 그랬어. 왜 내가 구경이 아니다 하느냐 하면, 자기가 아니다 그 소리야. 자기를 찾지 못했다 그 말이야. 이 공부는 나로 돌아온단 이야기야. 부처가 되자는 소리가 아니고. 신통묘용을 부려서 천상에 간다는 이야기가 아니고, 신선이 된다는 소리가 아니야. 나로 돌아오자 그거야. 나로 돌아온다는 것은 무슨 말이야. 내가 가지고 있는 나인 것을 깨달으면 된다 그 소리 아니겠나? 그러니까 나 아닌 것, 바깥의 것을 도(道)로 삼으면 옳지 못하다 그 말이야. 불도(佛道)는 자기로 돌아오는 것, 자기 찾는 거야.

내가 나를 갖고 있다는데 나로 못 돌아왔다는 게 무슨 소리야? 말이 안 되는 소리지? 견성이란 자기한테 돌아온다는 거야. 다른 사람이 아니야. 깨달은 사람 다 둘러봐도 자기로 돌아온 거야. 본래 찾던 옛사람이란 말이야. 자기야. 그런데 자기인 줄 모르고 찾았다 그 뜻이야. 이야기해 줘도 못 알아들으니까 공부를 하라 그 소리야. 자기를 찾기 전까지는 그런 이상한 신통묘용, 체험 그런 것은 아무것도 아니야. 그런 데 정신이 팔리면 그것은 외도야. 절대로 그런데 집착하면 안 돼. 그래서 스님네가 필요한 거야. 그런 게 일어나면 반드시 나한테 찾아와야 해. 자기가 느낀 것, 신비한 체험 같은 게 있으면 반드시 찾아와서 물어야 해. 공부에 대해 의논해 봐야 해. 그런 신통묘용이 생기면 그것을 공부로 삼아서 거기에 머무른단 말이야. 그것은 자기가 만들어 낸 환상이야. 꿈이야. 그런데 꿈을 진짜로 알고 자기가 믿는 세계에 취해 버리지. 그래서 꿈 깰 생각을 안 한단 말이야.

　김 처사, 화두는 구경에 자기에게 돌아가는 것이지 절대로 어떤 경계에 집착해서는 안 돼. 내가『금강경』을 읽으라고 한 이유가 거기에 있어. 읽어 보면 알아. 스승을 믿고 한 길로만 가면 되는 거야."

43
하나

무더위가 절정을 이룬 8월 첫 주 토요일, 이 공부를 위해 멀리서 찾아 온 어느 보살님과 스님께서 다음과 같은 대화를 나누셨다.

"멀리서 이렇게 찾아오셨는데, 뭐가 궁금했어? 특별히 궁금한 거 없어요?"

"요즘에 제가 제일 궁금한 건, 이 모두가 하나라는데 왜 실생활에서는…."

"하나가 아니냐?"

"그렇죠. 그것 때문에 너무 괴로워요."

"하나라면 언제든지 정해진 패턴이 있어서 행복하다든지 이럴 텐데, 어째서 뜻대로 안 되는 불합리한 것이 생기고, 내 자신도 그렇지만 다른 사람과의 관계도 그렇게 되고, 이 세상만 보더라도 여당과 야당, 남한과 북한이 서로 대립하고 싸우고 있잖아요? 그러니까 하나란 것이 납득이 안 되죠?"

"그렇죠."

"그렇게 하나가 아니기 때문에 하나란 것이 있는 거예요. 알겠어요? 예를 들면, 왜 부처님이 계실까?"

"세상이 힘드니까…."

"그것도 비슷한 얘기네. 부처는 완전한 분, 생사가 없는, 우리가 이상으로 그리는 세계고, 중생은 생사가 있고 하나가 안 된 세계, 그러니까 하나가 안 된 게 있으니까 하나인 부처님이 계시는 거지. 다 하나가 되었으면, 중생이 없으면, 완전한 부처님이 계실리가 있겠어? 없겠죠? 그러니까 부처님이라는 것은 홀로 성립하는 것이 아니고 상대적인 것이다 그 말이에요. 이것이 있으니까 저것이 있고, 저것이 있으니까 이것이 있고, 옳은 것이 있으니까 그른 것이 있고, 잘못된 악(惡)이란 게 있으니까 잘한 선(善)이란 게 있지. 그렇죠? 전부 선(善)이라면 선이 있을 리가 있겠어요? 모두 다 부처님이라면 부처님이 따로 계시겠어? 안 계시겠죠? 그러니까 불교는 그 이야기야, 그 이치를 자기가 깨치는 거야. 하나라는 것은 스스로 성립이 안 되고, 둘이 있어야 하나가 성립이 된다. 그런데 지금 그 하나라는 것에 집착을 하고 있어. 자신이! 이 세상 사람들도 그렇고. 내 말 알겠죠? 이 세상에는 하나란 것이 존재하질 않아. 하나라는 것은 하나 아닌 것이 있으니까 하나가 있는 거지. 하나란 의미는 다 같다는 의미거든, 그래서 하나거든? 그러면 이 우주가 몇 개라고 생각해요?"

"그냥 전체 하나…."

"전체니까 하나죠? 그 말은 우리가 말하는 하나 둘의 하나가 아니라 전체라는 말이지? 그러면 우주 가운데 우주 아닌 것이 있을 수 있어?"

"없죠."

"없죠? 나도 우주 가운데 있죠? 그래요 안 그래요?"

"그렇죠."

"그런데 우리는 우주를 이야기할 때 항시 나는 빼놓고 나 바깥의 세상을 이야기하죠? 나 바깥의 시간과 공간을 이야기하고. 자기를 빼놨다 이 말이야. 그런 우주는 전체가 될 수 없지? 내가 빠졌으니까. 나까지 포함해야 전체가 되지? 생각의 잘못은 무엇이냐 하면, 나는 빼놨다 그거라. 자기는 빼놓고 우주를 객관화시켜서 이야기하기 때문에 진리에 도달하지 못한다. 그러면 진리는 어떤 것이냐? 쉽게 이야기하면, 아까 이야기했듯이 하나라 하는데 나까지 포함한 전체를 하나라 하는 거야. 지금 자기 문제를 해결 못한 원인이 어디 있느냐 하면, 나는 빼놓고 그것을 객관화시켰다 그 말이야. 상대적으로 대상을 삼았어. 상대적인 것이란 게 무슨 말이냐 하면, 주관과 객관이 있잖아? 주관은 나고, 객관은 나 아닌 것, 바깥의 것, 우주라든지, 부처라든지, 하나라든지, 이 모든 것을 객관화시켜 버렸어. 그러니까 그것은 올바른 것이 아니지. 내가 생각하는 그 하나는 진짜 하나가 아니야. 가짜 하나를 스스로 생각해 놓고는 '진리는 하나라는데 왜 하나가 안 되는고?' 이렇게 의심하는 거야. 그렇다면 잘못은 누구한테 있어?"

"제 생각이 잘못된 거네요."

"그렇지! 나한테 잘못이 있어. 그러면 부처님 법은 무엇이냐? 내가 잘못 생각한 것(나를 빼놓은 것)을 부처님이 깨달아서, 그렇게 생각했기 때문에 생사윤회에서 벗어나지 못한다는 것을 가르쳐 주신 거예요."

다른 방문객들이 찾아와 인사를 나누고 말씀을 이어 가셨다.

"마음을 편히 갖고, 내가 특별히 이 공부를 해야만 한다 하지 말고, 그저 인간사라 생각하고, 내 생활로 생각하는 사이에서 자연히 도(道)에 젖어서 도를 이루어야 하는 것이지, 억지로 학문적으로 알고 뭐 깨달았다는 것은 전부 거짓이야. 예를 들어, 자기라 하는 것이 내가 원해서 있나? 그렇지 않잖아? 원하든 원치 않든 나란 존재가 있어. 그런 것처럼 자연히 이루어진다, 본래 그리되어 있어야 돼. 도라고 하는 게. 억지로 만들어서 깨닫는다 어쩌고 하는 것은 다 가짜야, 거짓이야. 나라는 게 본래 있는 것처럼 도라는 게 바로 이것이다 그거야. 이걸 떠나서 따로 뭐가 있는 게 아니다 그 말이야. 도라고 하는 이것은 깨닫고 얻는 게 아니야. 그건 다 가짜야. 나라는 것은 항시 떠날 수 없지? 이와 같이 도와 부처가 한마디로 자기여야 된다 이 말이야. 그래서 이렇게 찾아와 절하는데 '무슨 물건이 이렇게 왔는고?' 그렇게 물었어. '네가 무어냐?' 그 말이야. 네가 뭔데 부처를 찾으려 하느냐, 자기를 돌이켜 보라. 그래서 '이것이 무엇인고?' 이렇게 자기를 돌이켜 보거든? 그때 깨달았다는 거야. 이것은 만들어지는 것이 아니라 본래 나인 거야. 본래 있는 이것이 도지, 뭐 도가 따로 생겨서 내가 성불하고 해탈하고, 이것은 도가 아니야. 배워서 얻는 것은 도가 아니다 그 소리야!"

이후 다른 분들과 생사 없는 이치를 깨닫고 참으로 생사에서 벗어나는 일의 어려움에 관련한 깊은 법문이 있었다. 또 다른 방문객이 찾아와 모처럼 한적한 대덕사에 많은 분들과 스님의 청량한 법문을 듣는 즐거움을 누리며 한낮의 더위를 잊을 수 있었다.

44
옴 마니 반메 훔

예불 시간에 천수경을 독경하고 나서 스님께서 갑자기 물으셨다.

"심 선생, '옴 마니 반메 훔'[50]이 무슨 뜻인지 아나?"

"'연꽃 속의 보석'이란 말로 알고 있습니다."

"그래, 보통 말뜻을 따라 그렇게 생각하지. 그런데 '옴 마니 반메 훔'은 그런 뜻이 아니야. '옴'은 천상세계, '마'는 아수라세계, '니'는 인간세계, '반'은 축생세계, '메'는 아귀세계, '훔'은 지옥세계를 의미해. 무슨 말이냐 하면 육도(六道) 윤회하는 이 세계 전체가 바로 관세음보살의 본심(本心), 본래 마음이란 소리야. 그런데 관

---

50) 관세음보살 본심미묘 육자대명왕 진언.

세음보살의 본래 마음이 따로 있는 게 아니라 그게 바로 나의 마음이거든? 그것이 일체유심조의 소식이야. '옴 마니 반메 훔'은 그렇게 알아야 한다."

45

그대가 바로 부처다

　오늘은 여러 선지식들의 회상에서 공부를 하시다가 지견(知見)이 난 초로(初老)의 보살님 한 분께서 남편과 함께 스님을 찾아뵈었다. 옆에서 가만히 듣고 있자니 불교 신자도 아니었고 오랫동안 불교를 공부한 것도 아니었는데 우연한 계기에 이것을 아신 것 같아 참 희유하단 생각이 들었다. 다만 비록 이치는 한 순간 알았으나 아직 공부가 말끔하게 한 조각을 이루지 못해 스스로 미진한 구석이 있는 듯 보였다. 그렇지 않고서야 이 삼복(三伏) 무더위에 세상에 알려지지도 않은 스님 같은 분을 어찌 알고 찾아왔겠는가? 스님께서도 손자를 걱정하는 할미의 심정으로 보살님이 막혀 있는 곳을 뚫어 주어 꾸준히 공부해 나아갈 인연을 지어 주시려 간절한 법문을 해주셨다. 그 가운데 일부만 옮겨 본다.

　"보살님이 스스로 돌이켜 봐서 우주에 한 점 티끌이라도 해결

되지 않은 것이 있으면 그건 구경(究竟)의 성불이 아니야. 삼 세 근 화두를 들었다는데 삼 세 근을 어떻게 알아들었어?"

"부처를 묻는 말에 삼 세 근이라고 답했는데, 저는 그게 그냥 똑바로 가르쳐 준 것이라고 생각했어요."

"똑바로 가르쳐 준 것이 뭐야?"

"알아들으라고…."

"뭘 알아들어?"

"삼 세 근인 줄 아는 마음."

"그렇게 알면 완전한 게 아니야. 보살님 공부를 내가 부정하는 것은 아닌데, 거기서 머무르지 말고…. 화두는 구경에 도달하는 거거든? 그 뒤로 화두 안 했어요?"

"'부모에게 나기 전에 어떤 것이 참나던고?'도 했는데 '부모에게 나기 전에 어떤 것이 참나던고?' 하면 바로 그 자리로 들어가잖아요. 거기서 모든 게…, 다 그것의 작용인데, 늘 보면 어떤 것이 참

나인지 보고 있는데, 나타난 것이 다 참나인데….”

“그러니까 삼 세 근이라 하든지 어떤 것이 너의 본래면목이냐 하든지 그게 누구에게, 낙처가 어디 있냐 그 말이야. 그것을 깨달아야 해. 이게 무슨 이치와 같냐 하면, 꿈을 꿔 봤죠? 꿈속에 나란 모습도 있고 다른 사람도 있죠? 그런데 꿈을 깨고 보니까 누구만 있어?”

“나만 있죠.”

“자기만 있죠? 꿈엔 여러 사람 있었지만 실은 몇 사람이야? (‘한 사람’이라고 대답함.) 누구 하나? (‘저’라고 대답함.) 그렇지! 그와 같이 내 몸뚱이, 그리고 사람들이 그 안에 있다고 믿는 영혼이 내가 아니고, 그것은 마치 꿈속의 ‘나’라는 모습만 ‘나’라고 여기는 것과 같지. 나라고 하는 것은 우주 전체가 자기가 꾼 꿈이다 그 말이야. 그걸 깨닫는 거야. 그럼 딴 사람이 있어요? (‘없다’고 답함.) 없죠? 화두 이야기도 그 얘기야. (손가락 하나를 들어 보이며) 이것뿐이야, 이것이야! 이게 누구야? (‘자기’라고 답함.) 그렇지! 그러면 과거, 현재, 미래, 부처님세계, 지옥세계, 그게 다 누구야? (‘자기’라고 답함.) 그렇지! 움직인 바가 있어? (‘없다’고 답함.) 변한 바가 없지? 그래서 이것을 이름해서 부처님이라 한다 이 말이야. 또 그것

을 자기라 하고. 뭐라고 하든지 만법이 하나로 돌아와. 그럼 하나
는 어디로 갔어? (뭐라고 답함.) 음, 이제 알겠지? 가고 옴이 없지?
그래서 삼 세 근이라든지 이것이 무엇인고 그 한 물건이 금생에
내가 만나서 가지고 있는 게 아니고, 예로부터, 우주가 생기기 이
전부터 내가 지켜 오던 보물이다 그 말이야. 이제 알겠어요? 다른
사람의 보물이 아니야. 바로 나였어, 내 보물이었어! 나라고 하는
것이 바로 그거야! 그러면 삼라만상 가운데 나 아닌 것이 있어?
일체유심조란 말 들어봤죠? 그 얘기야. 일체유심조란 다 자기란
말이야. 내 말 알겠어요?"

보살님과 대화를 통해 공부를 점검한 스님께선 다음과 같은 법
문도 해주셨다.

"그런데 아까 진심(瞋心; 화)도 일어난다고 했듯이 생활하다 보
면 여여(如如)한 대로 안 되거든? 그럴 때는 내 공부가 아직 힘이
부족하다고 생각해야 돼. 이치로는 내가 몰록 깨달았으나, 사비
돈제(事非頓除)라, 실제의 일은 몰록 없어지지 않는단 말이야. 그
럴 때 그것은 내가 잘못 깨달은 거야. 우주 삼라만상을 내가 만들
었으면 내가 성내고 괴로워한 그런 일이 있어? 그럴지라도 그렇
게 한 바가 있냐고? ('화를 내도 낸 바는 없다.'고 답함.) 그렇지! 그런
데 성을 냈니, 안 냈니 하면서 그것을 없애려 하냔 말이야! ('아~!

예!) 본래 다 나인데! 본래 자기뿐인데! 성낸 것도 이것이야! 고요한 것만 도(道)가 아니야! 도는 정해진 게 아니야! 나는 성 안 내고 부처님처럼 고요한 것만이 도인 줄 알았는데, ('아~! 예!') 이제 보니까 본래 한 물건, 나뿐이니까, 다 꿈이니까 성내도 누구야? ('나!') 그러니까 이것이 무엇이냐 그 말이야. 알겠죠? ('알겠습니다.') 모든 게 나인 줄 알아서 일체를 떠나라 그 말이야. 그게 『금강경』에서 머물지 않는 마음을 내라고 한 거야. 탐진치 삼독도 이것이고, 부부 간에 살면서 애를 낳는 행위를 한다 해도, 나쁜 건 줄 알았는데 이제 보니까 온통 꿈이고 그런 일이 있어, 없어? ('없죠.') 그렇지! 그러니까 애를 낳아도 낳은 바가 없고, ('성을 내도 낸 바가 없고.') 그렇지! 일체가 공(空)이지! 성내는 이것이 그대로 공이다 그 말이야. 그걸 없애서 공이 되는 게 아니고, 있는 그대로!"

이후 몇 가지 질문과 공안(公案)으로 보살님을 탁마해 주셨다. 아직까지 둘로 보던 습관이 있어 스님이 묻는 질문에 걸리고 공안에 막히는 것이 있었으나 공부를 제대로 해 갈 수 있는 바탕은 마련된 것 같았다. 참석 대중들과 함께 공양을 마치고 스님께선 보살님께 『금강경』을 한 권 주시면서 작은 것에 만족하여 머무르지 말고 꾸준하게 공부해 나아갈 것을 당부하셨다.

46
잘하려고 하지 말라

어느새 무더위가 한풀 꺾였다. 오전 10시쯤 대덕사 법당 앞에
다다르니 이미 스님 처소가 있는 삼광전 대청마루에 도반 몇 분
이 스님의 법문을 듣고 있었다. 법당에 들렀다 스님께 삼배하고
함께 법문을 들었다.

스님 법문 가운데 이 공부는 아는 공부가 아니라 모르는 것이
중요하다는 말씀이 가슴에 와 닿았다. 뭔가를 안다고 하면 뭔가
잘못된 것이다. 알음알이는 전체인 진리를 상대화, 객관화시켜
하나의 카테고리에 가두는 것으로 불이(不二), 온전한 한 덩어리
가 될 수 없다. 그래서 알려고 하지 말고 오로지 화두만 의심하라
고 하시는 것이다. 아무리 알려고 해도 알 수 없기에 의심할 뿐이
다. 그 알 수 없음 가운데 모든 시비 분별이 녹아 버리는 것이다.
　예불을 모시고 공양을 마친 뒤 멀리서 찾아오신 도반 분들 덕

에 스님 법문이 끝없이 이어졌다. 구수한 옛날이야기 같은 스님의 법문 가운데 기억에 남는 대목 하나만 소개한다.

옛날 일제시대 때 모 스님이 수원 용주사 주지를 할 때라고 한다. 그 주지 스님은 묘한 버릇이 있어 그 절에 하루 머물러 온 객스님을 불러 삭발을 시키곤 했다. 어느 날 그 주지 스님이 전날 머물렀던 객스님을 불러 삭발을 맡겼는데, 그 객스님은 이 노스님의 삭발을 맡게 되자 너무나 긴장하여 삭도(削刀)를 가지고 조심조심 오랜 시간을 걸려 삭발을 마쳤다. 그러자 주지 스님이 삭발을 잘하였다고 논 서너 마지기를 뚝 떼어 준 것이 아닌가?

이 객스님이 자기 본사(本寺)에 돌아가서 그 이야기를 하였다. 그러자 그 절에서 스님들 삭발만 도맡아 하던 스님이 그렇다면 나도 가서 그 스님 삭발해 주고 한 재산 마련해야겠다 싶어 용주사로 갔다. 그 다음날이 되자 아니나 다를까 주지 스님이 객스님을 불러 삭발을 부탁했다. 옳다구나 싶은 삭발 전문 스님은 준비해 온 날카로운 삭도로 순식간에 말끔하게 주지 스님의 머리를 삭발했다.

너무나 순식간에 삭발을 해버린지라 고개를 숙이고 삭발을 맡긴 주지 스님은 왜 삭발을 하지 않느냐고 물었다고 한다. 그래서 이미 삭발을 다 했다고 말씀드리자 주지 스님이 깜짝 놀라서 거울을 보니 아주 깔끔하게 삭발을 한 것이 아닌가? 삭발을 한 스님은 이제 삭발을 잘했다고 칭찬하며 한 재산 마련해 주실 것을 기다리고 있었는데, 마른하늘에 날벼락이라고 주지 스님이 갑자기 화를 내시며 어떻게 어른 스님의 삭발을 이따위로 성의 없이 하냐며 야단만 치며 쫓아내었다고 한다.

이 일화를 들려주시며 스님은 공부도 잘하려고 하면 오히려 탈이 난다는 말씀을 들려주셨다. 어른 스님 머리를 잘 깎았느냐 못 깎았느냐가 중요한 것이 아니라 어른 스님의 머리니만큼 조심조심하고 신중하게 깎는 것이 중요하듯이, 공부도 잘하느냐 못하느냐를 따져서 잘하려고만 하다 보면 어떤 능력이나 과보를 얻게 되고, 그러다 보면 공부 잘한다는 것에 스스로 속게 되어 오히려 공부를 망칠 수 있다는 말씀을 해주셨다.

이 공부는 미세한 부분을 놓치기가 쉬워 자기가 자기에게 속아 허송세월하는 경우가 허다하다. 그래서 경험 많은 선지식의 지도를 받아가며 공부를 해나가야 한다. 섣불리 어떤 결과에 집착하여 공부하는 것이 아니라 구경에 자신의 마지막 의심을 해결할 때까지 성실하고 꾸준한 자세로 공부를 해나가야 하는 것이다.

47
발심

모처럼 내리는 반가운 비 덕분에 서늘한 기운이 도는 토요일. 염화실 처마 아래로 떨어지는 상쾌한 낙숫물 소리가 제법 세차다. 향긋한 녹차 한 잔을 우려 마시며 스님의 말씀을 들었다.

요새 사람들은 발심조차 제대로 안 되었다는 말씀으로 운을 떼신다. 예를 들어 어떤 사람이 병원에 갔더니 얼마 살지 못할 불치병 환자라는 시한부 선고를 받는다면 십중팔구 어떻게든 살아 보겠다고 의사에게 매달려 치료법을 구할 것이다. 그러나 비록 천만다행으로 목숨을 연장할 수 있다 한들 결국엔 죽음을 피할 수 없다. 그런데 이 부처님 법은 그 죽음을 벗어나는 법이거늘 어찌 공부하지 않을 수 있느냐는 말씀이다. 모두 이 몸뚱이, 형상의 세계만을 전부라 믿고 사는 어리석음 때문이다. 믿음이 없기 때문이다.

생사를 벗어나는 것이 바로 불법이고 그 나머지는 모두 방편이라 힘주어 말씀하셨다.

소원을 성취하고 고달픈 마음을 달래어 치유하는 것은 근기가 되지 않는 이들을 불법으로 이끌어 들어오게 만들기 위한 방편일 뿐이다. 견성성불하여 생사에서 벗어나지 못하고 방편에 집착하여 경(經)을 읽고 외우고 계행(戒行)을 청정히 지키며 육도만행(六度滿行)[51]을 성취한다 하더라도 그것은 결코 구경이 아니라고 강조하셨다. 구경은 오직 자기 견성, 자기 성불뿐이다.

세상사를 모두 자기 하나가 꾸는 꿈이라 생각하고 그 자기 하나를 해결하기 위해 공부하라고 당부하셨다. 세상사가 꿈이라면 그 꿈에서, 바깥에서 무언가를 구하고 찾으려는 마음이 쉴 수 있을 것이다.

죽는다는 말을 들어도 어떻게든 살기 위해 발버둥치는 사람처럼, 생사를 피할 수 없다고 자포자기할 것이 아니라, 이 공부를 성취하면 생사를 벗어날 수 있다는 믿음을 가지고 발심하여 공부를 해나가야 한다. 그것이 불법을 믿고 실천하는 유일한 길이다.

---

51) 보살이 육바라밀을 완전하고 원만하게 수행하는 일.

48
오직 돈법만을 전한다

가을을 재촉하는 가랑비가 대덕사를 적신 8월 마지막 토요일. 『육조단경』 법회 첫째 주를 맞아 여러 도반들이 스님을 찾아뵈었다. 예불과 함께 간단히 『육조단경』 법회 입재(入齋) 고불식(告佛式)을 하고, 스님께 법회 교재인 성철 스님 평역 『돈황본 육조단경』을 한 권씩 받았다.[52]

선문(禪門)에서 종문제일서(宗門第一書)로서의 『육조단경』이 가지는 의의와 가치에 대한 간략한 해설을 듣고 나서 교재에 있는 성철 스님의 머리말부터 차근차근 살펴보며 본격적으로 법문을 들었다.

법문 첫머리에 스님께선 육조 스님의 말씀을 인용하시면서 이 공부를 하는 사람은 무엇보다 남의 허물을 보지 말고 오직 자신

---

52) 입재(入齋)는 법회의 시작을, 고불식(告佛式)은 부처님께 알리는 의식을 뜻한다.

의 허물만을 고칠 것을 강조하셨다. 자기를 떠나 바깥의 사물을 시비분별하는 것은 도(道)를 공부하는 데 있어 절대 금물이라 하셨다. 그리고 세상의 일을 꿈으로 여기고 집착하지 말 것을 당부하셨다. 모든 것이 꿈이라면 어찌 집착하여 대립하고 갈등하겠느냐 말씀하셨다.

"『육조단경』을 보든 뭘 하든 내 자성을 떠나서 도가 있다든지 불법을 공부한다고 말하는 것은 옳지 못해. 나를 떠나서 법이 있다든지 무엇을 배우려고 하는 것은 잘못이야. 나를 떠나서는 어떠한 진리도 성취할 수 없어. 우리가 지금 생사에서 해탈하려고 하는데, 그것도 나를 떠나서 생사 없는 법이 따로 존재하는 게 아니야. 그러니까 우리가 성불할 수 있어. 자기가 누구한테 있지? 저기 부처님한테 있나? 바로 자기한테 있지! 이미 있다 그 말이야! 『육조단경』이 아무리 좋고 성현(聖賢)의 말씀이라 하더라도 그것이 나를 떠나서 바깥에 있는 것인 줄 알면 큰 잘못이야. 그건 육조 스님의 뜻하고는 하늘과 땅 차이야."

교재 가운데 "대저 육조의 종지는 항상 주창한 '오직 돈법만을 전한다(唯傳頓法)'고 하는 것으로서, 점문(漸門)[53]은 일체 용납하지 않는 것이다."라는 대목을 들어 '돈법'과 '점법'에 대해 말씀하

---

53) 점차로 닦아 수행하여 가는 문.

셨다.

　"돈(頓)이냐 점(漸)이냐를 가지고 왈가왈부가 많은데, 간단히 해결하는 법을 가르쳐 줄까? 불법이 뭐라고 그랬나? 자기가 견성성불하는 것, 자기 생사 문제를 해결하는 것이라고 그랬지? 내가 깨달으면 그것이 돈법이고, 내가 못 깨달았으면 그건 돈법이 아니지? 육조 스님이 전한 돈법이 따로 있다고 생각하지 말고, 구경에 내가 깨닫는 것이 돈법이고, 내가 깨닫지 못했으면 돈법이 아니야. 이렇게 자기의 성불을 잣대로 이야기하고 생각하라 이 말이야. 불법이 비록 돈법이라 할지라도 내가 깨닫지 못하면 성립이 안 돼. 육조 스님이 말한 돈법이 따로 있다고 여기면 안 돼. 내 성불을 떠나서 이야기하고 판단하는 것은 잘못이야. 실(實)을 떠나서 이야기하지 마라 이 말이야.

　이 구절을 보고 성철 스님 말을 따라가서는 안 되는 거야. 육조 스님이 오직 돈법만을 전했다 할 때 이 '돈법'이란 말을 '내 성불만을 말한다.' 이렇게 고쳐. 내가 성불하는 것 이외에는 모두 가짜야. 내가 성불하면 그게 몰록 깨닫는 것이고, 내가 성불 못 했으면 아무리 무량겁 동안 닦아도 성불 못 한 거지? 그러니까 '점문'은 성립이 안 된다 이 소리야. 무량겁을 수행한들 성불 못 하면 점문이야. 점문은 결과를 이루지 못 했다는 소리야. 점문을 해서 안 된다는 소리가 아니고, 수행을 가지고 견성이라 해서는 안 된다, 자기가 성불 못 한 것은 못 한 것이다 그 말이야. 돈점을 가지고 싸울 이치가 아니야. 누가 이야기 하더라도 말과 글에 속지 마.

여기 '그러나 중간에 교가(敎家)⁵⁴⁾의 점수 사상이 혼입되어 선문(禪門)이 교가화됨으로써, 순수선(純粹禪)은 없는 실정이다.' 그랬는데, '순수선'이 뭐지? (대중들이 '자기 성불입니다.'라고 답함.) '순수선'이라는 것도 내 견성을 말한 것이다, 이렇게 이해하는 것이 진짜 맞는 소리야. 내가 성불하기 위해 이 책을 읽는 것이고 내 말을 듣는 것이야. 성불이란 생사를 해결하는 것이야. 자기가 깨달았다고 할 때 스스로를 돌이켜 봐. 내가 나고 죽는 문제가 해결이 되었는가? 해결이 되지 않았다면 그것은 바로 깨달은 것이 아니야. 내가 견성성불 못 했으면 '순수선'은 없는 거야.

여러분은 불법을 공부하려고 하지 마. 그것은 진짜가 아니야. 내가 나를 깨치는 것, 이것이 진짜 불법이야. 그렇다면 불법이 따로 있나? 아니지? 이미 나인데 내가 나를 모를 뿐이야. 그러나 실은 내가 이미 나이니까 찾을 필요가 없는 거야. 마치 눈을 가지고 다시 눈을 찾는 것과 같아서 시간적으로 무량겁을 찾아 헤매고 공간적으로 극락세계, 인간세계 아무리 찾아도 그렇게 찾으면 찾을 수가 없어. 우리가 지금 그와 같아. 잘못하면 무량겁을 애써도 안 되는 거야. 그래서 바로 가야 한다고 부처님이 불법을 말씀하

---

54) 경론(經論)에 의거하여 그 가르침을 이론적으로 분석하고 정리하여 체계를 세우는 종파.

신 거야.

돈황본과 덕이본 등이 자구(字句)에 더러 차이가 있으나 그 근본 뜻은 같다고 했는데, 왜 근본 뜻이 같겠어? (대중들이 '자기 성불하나니까…'라고 답함.) 그렇지. 자기 성불 하나니까 뭐라고 표현하든지 만법귀일(萬法歸一), 내 성불 하나로 귀일하니까, 바른 소리, 그른 소리, 결국은 다 같은 거지? 실(實)이 없지? 내가 성불했냐 안 했냐 이것이 실이지, 다른 옳은 법이 따로 있는 게 아니야. 내가 성불하면 일체가 옳은 것이고, 내가 성불 못 하면 일체가 그른 것이야. 나에게 달린 거야. 그러니 얼마나 내가 위대하고 엄청난 거야? 우주 만법이 다 나로 인해 성립이 되는 거야. 이 법이 그렇게 큰 거야.

불법이란 모두 자기 견성성불을 가리킨 것이라 했어. 그러니까 말과 글을 따라서 해석을 하지 마. 뭐라고 이야기하든지 내 견성성불을 가리킨 거야. '아'라고 한들, '어'라고 한들, 다 같은 것, 내 견성성불을 이야기한 거야. 다르다고 시비하고 옳고 그르다는 견해를 내지 마. 무슨 소리든 내가 견성해야지, 내가 견성 못 하면 아무 소용이 없어. 그렇게 생각해. 그게 올바로 경을 보는 거야. 학자들처럼 무슨 경(經)은 좋고 무슨 경은 나쁘고, 돈법은 옳고 점수는 틀렸다 이런 식으로 단정을 내리지 마. 돈법도 내가 견성하지 못 하면 실이 없어. 이 우주, 나의 생사가 내가 견성했냐 못 했냐, 여기에 달려 있어.

내 자성 광명은 해와 같이 본래 있어. 그런데 왜 나타나지 않느냐? 그건 구름이 해를 가리듯 내 망념이 진여를 덮고 있기 때문이야. 그래서 수행이라는 것, 불법이라는 것은 바람이 불어 구름을 흩어지게 하듯 망념을 벗겨 내면 본래 있는 부처, 자성 광명이 드러나는 거야. 자성 광명을 만들어 내는 일이 불법 공부가 아니야. 공부는 스스로 가지고 있는 잘못된 생각, 이 망념을 없애는 것이 공부야. 내 미혹을 제거하는 거야. 사람이 노력해서 이루어 낸 것은 부처가 아니야. 무량겁을 닦아서 이룬 것은 부처가 아니야. 그런데 우리는 닦아서 성불하려 하거든? 닦아서 성불할 수는 없어. 그리고 성불하는 부처는 있을 수 없어. 그건 진짜 부처가 아니야. 오직 내 마음을 깨치는 것, 이것이 진짜 부처야.

부처와 중생이 따로 있는 것이 아니야. 망념이, 구름이 이대로 부처야. 자기 망념이, 자기 중생이 그대로 부처가 되는 거야. 내가 미혹하면 중생이요, 깨달으면 부처야. 중생일 때 부처가 중생에 있는 것이요, 부처일 때 중생이 부처에 있는 거야. 오직 이것이요, 자기야. 부처와 중생이 어디 있어?"

스님께선 '요즘 세상에 재물과 색(色)을 좋아하는 만큼 도(道)를 좋아하는 사람을 보지 못했다.'라는 공자님의 말씀을 인용하시면서 법회를 마무리하셨다.

법회를 마치고 스님께 인사드리고 도반님들과 헤어져 집으로 돌아오는 길. 소나무 숲 사이로 부는 바람을 타고 온 짙은 솔향 속에 육조 스님의 가르침이 뚜렷하게 드러났다.

49
나는 본래 있다

『육조단경』 법회 둘째 주. 어느새 서늘해진 날씨에 성큼 가을이 온 것을 느낄 수 있는 비가 촉촉이 내린다. 도반 여러분과 함께 스님을 모시고 예불을 드리고 법문을 들었다.

"혹시 여러분 가운데도 그럴 수 있고, 과거 큰스님들도 그랬고 나도 그랬는데, 공부하다 보면 완전히 깨닫지 못하고 깨달았다고 생각하는 수가 많거든? 그럴 때 스스로 돌이켜 봐. 자신이 생사를 해결했는지. 자기가 어디서 왔는지 모르고, 죽어서 어디로 가는지 모르고, 이 우주에 나고 죽는 일이 무엇인지 모르면 견성성불한 게 아니야. 그런데 기가 막힌 것은 그것마저도 속아 버려. 이 마음이 참으로 신묘해. 그래서 자기가 생사를 해결했다고 생각하거든? 그래서 이야기를 들어 보면 우리는 생각도 못하는 온갖 이치를 들이대서 생사가 없다 그런단 말이야. 그리고 나는 견성했다, 성불했다 그런다고. 그런 사람들이 우주에 가득 찼어. 불법을 공부 안 하는 사람은 말할 것도 없고, 불법을 공부하는 사람 중에도 그래.

부처님 경전에 여자는 성불 못한다는 구절이 있어. 여자라고 하면 성불 못하는 거야. 벌써 남자, 여자라고 하면 두 개가 되지? 그래서 '내가 여자다' 하고 한쪽에 들어가 버리면 안 된다는 소리야. 나는 몇 개야? 하나지? 그렇다면 나 하나 가운데 어찌 남자, 여자가 있겠나? 전부 자기지? 그러면 성불한다 그 말이야. 왜냐하면 성불은 자기니까! 견성성불하라고 했지만 그것은 자기를 가리킨 거야. 그것이 마음이 곧 부처란 소리와 같은 거야. 견성성불은 뭐냐 하면, 저 32상 80종호[55]와 신통묘용을 갖춘 부처처럼 되는 것이 아니고, 그렇게 되어 봐야 그것은 헛것이고 꿈이야. 그 꿈을 꾸는 근본이 누구야? 자기지? 그러니까 꿈을 깨면 돼. 잠에서 깨면 돼. 그러면 누구로 돌아와? 나밖에 없지? 이것이 견성성불, 자기가 부처가 되는 거란 말이야. 그 외의 일은 꿈이지? 꿈이란 말은 진짜가 아니란 말이지? 우리 현실세계, 나고 죽고 하는 일은 진짜가 아니고, 내가 꾸는 꿈이란 말이야.

『육조단경』의 가장 핵심이 뭐냐 하면 돈문과 점문, 돈점을 밝힌

---

55) 부처는 인간과는 다른 형상을 하고 있다는 믿음에서 성립된 것으로 부처님을 조각상으로 나타낼 때 적용되는 부처님만의 형상을 작게는 32가지, 크게는 80가지의 특징으로 나타낸 것이다.

거야. 불교는 이 돈점 사상이 확실하면 해결이 돼. 소승에서는 무량겁을 수행해서 석가모니 부처님처럼 능력을 갖춰야 부처로 알아. 그래서 다음에 성불할 부처는 미륵 부처뿐이라고 그래. 자신은 부처님과 같은 능력이 없으니까 다겁(多劫)에 닦아서 부처가 된다 그러거든? 이것이 점수 사상이야. 이것이 소승 견해야. 무엇을 이루어 가지고 된다 이거야. 그러나 부처라는 것은 본래 이루어져 있어. 하나니까! 단 두 개가 없어! 그러니까 자기지! 두 개가 있어야 '나' 아닌 다른 것이 있지. 자기라는 것은 나고 죽는 이 몸뚱아리를 말하는 것이 아니고, 전체인 것, 이 전체인 자기를 이야기하는 거야. 그 자기를 깨달아라 그 말이야. 우주는 애초부터 본래 하나야. 본래 하나뿐인데 어떻게 닦아서 부처를 이루겠느냐 그 말이야. 닦아서 이루어도 있는 그것 하나뿐이지. 점수 사상은 닦아서 부처가 되는 줄 아는데 그것은 진짜 부처가 아니야. 진짜 부처는 본래 있는 그 근본, 근본을 깨치면 지엽이고 근본이고 없어. 언제든지 온통 이것이니까! 온통 자기뿐이야. 이것은 본래 있어!

부처가 되려고 부처를 쫓아갈 것이 아니라 부처가 무엇인지 그 근본을 철저히 깨치면 된다 그 소리야. 부처가 바로 자기, 내 마음이고 내 꿈이지? 이것이 부처를 철저히 깨치는 것이다 이 말이야. 모두가 나라면 한 물건이라도 있어? 뭐 있다 하면 두 개가 되잖아? 본래 이것뿐이니까 한 물건도 있는 것이 아니지. 그래서 나는 있는 데도 속하지 아니하고, 없는 데도 속하지 아니해. 있고 없는 것이 다 '나'니까, 우주 만법이 다 '나'니까. 이렇게 전체를 통달하는 지혜를 가져야 한다 그 소리야. 이것이 어디에 체하고, 걸리고, 머무르는 것이 없는 것, 툭 터진 것, 해탈한 것이야. 이것의 이름이 해탈이야. 해탈이란 것이 따로 존재하지 않아. 해탈이나 속박이나 모두 한 물건이지? 자기지? 그러니까 이것이 둘이 아닌 것을 깨치는 것이 견성성불이다 그 말이야.

도(道)라는 것은 본래 갖추어져 있어. 자기야. '나'라는 것을 원하지도 않았는데 있잖아? 이것이야! 전부 이 한 물건이다 이 말이야. 다른 물건이 아니야. 그런데 나 아닌 다른 물건인 줄 알고 찾으려 하니까, 그것은 찾을 수가 없어. 나뿐인데 어떻게 찾겠어? 있지를 아니해. 이것은 이루고 얻는 게 아니야. 본래 갖춰져 있다 이거야. 얼마나 신비하고 신묘해? 내가 원하지 않았는데 본래 나라는 게 있어. 아, 내가 부처구나! 본래 있었구나! 내가 그걸 몰랐다 이 말이야. 그러니까 부처님 은덕은 갚을 길이 없는 거야. 자기를 찾아 주는 거야. 사람들은 자기를 모르는 사람이 누가 있냐고 비웃지만, 그게 아니야. 사람들은 나고 죽는 그것을 자기로 알아. 진짜 자기는 나고 죽는 자기가 아닌 거야.

'앞생각이 미혹하면 곧 범부요, 뒷생각이 깨치면 곧 부처니라.' 이 말은 부처가 되는 것이 아니고, 내가 못 깨달았으면 중생이고, 내가 깨달았으면, 꿈을 깼으면 부처님이란 말이야. 본래 자기니까 부처님이 되고 안 되고의 문제가 아니란 말이야. 내가 본래 있어 없어? 본래 이루어져 있잖아? 본래 있잖아! '이것이 본래 나구나!' 하고 깨치면 그게 성불이고, 내가 있지만 내가 있는지 없는지도 모르고, 생사윤회하는 그것을 나로 알고, 몸뚱이 속에 들어 있는 그것을 나로 아니까, 우주 전체가 자기인 것, 우주 전체가 하나인 이치를 모른다 이 말이야. 그러면 생사윤회를 못 면하고 부처가 아니다 그 소리야.

나라는 것은 대상이 아니야. 상대적인 게 아니야. 자기인데 어떻게 상대가 돼? 그런데 상대가 되어야 알고, 보고, 느끼고, 깨달을 게 아니야? 그런데 이것은 대상이 아니니까 아는 게 아니야. 형상으로 알려 하거나 보고 들으려 하지 마. 알 수 없는 거야. 대상이 아니야. 자기야. 그러니까 오직 깨달아야 한다. 크게 깨쳐라. 깨닫는다는 것도 이름인데, 자기가 자기를 깨닫는 것을 견성한다, 성불한다 그러는 거야. 깨닫는다는 것은 눈으로 보고 귀로 듣는다는 소리가 아니야. 찰나간에 깨쳐! 자기가 자기 찾는 것이 어찌 어려워? 그런데 못 깨달으면 어렵다 그 이야기야. 알면 쉽고 모르면 어렵다 그 이야기야.

『육조단경』은 전부 돈오(頓悟) 사상이야. 이것이 부처님의 정견(正見)이야. 본래 이루어져 있다 그 말이야. 닦아서 이루는 게 아니야. 만드는 게 아니야. 본래 만들어져 있어. 내가 있는 것과 같은 이치야. 내가 바로 그거니까! 나 아닌 다른 것이 부처가 아니야. 삼세제불과 우주 시공간, 만법이 나를 벗어나지 못했어. 나의 자성을 벗어난 것이 아니야. 이렇게 알고 공부해. 자기, 이 마음을 떠나서 한 물건도 있지 아니해. 이것이 불법의 요지야. 이것이 선법(禪法)이야. 여러분이 이렇게만 알고 들어가면 바로 들어가는 거야. 믿음을 가지고 공부하면 되는 거야. 내가 잠시 시간을 내서 공부하러 오는 것을 소홀히 생각할 것이 아니야. 이것이 내가 성불하는 길이야. 언하(言下)에 깨치는 거야. 말 한 마디에 생사를 해결해 버려. 본래 이루어져 있으니까. 닦아서, 저 성현들처럼 난행 고행해서 20년 동안 장좌불와, 잠 안 자고 어쩌고 하는 게 아니다 그 말이야. 자기란 게 있어 없어? (대중이 '있습니다.'고 답함.) 바로 그 이치야. 본래 있어. 본래 되어 있어. 이것은 항상 있는 거야. 그런데 내가 죽기는 뭐가 죽어? 내가 있는데 죽는다 없어진다는 생각은 잘못된 거야. 사람들이 겉으로 몸뚱아리가 죽는 것을 보고 죽는 줄 안단 말이야. 그런 어리석은 생각은 하지 마라. 그래서 누가 제사 지낼 때도 제일가는 법문이, '내가 있습니다.' 그 소리야. '나는 안 죽었습니다.' 하하하. (대중이 웃는다.) 다른 사람이 들으면 미쳤다고 하겠지? 마음으로 그러란 말이야. 그것이 영가(靈駕)를 살리는 법문이야. 나는 안 죽었어, 지금 살아 있어. 그것이 당신도 안 죽었다는 소리야. 당신이 나다 그 소리야. 걱정하지 마시라. 그것이 제일가는 제사야. 그런데 음식 잔뜩 차려 놓고 절하는 것, 그리고 곡(哭)하는 것? 그것은 아주 유치한 거야. 인간이 지혜가 없어서, 어리석어서 그래.

내 마음이 석가모니가 되고, 하느님이 되고, 온갖 변화 작용한다 그 말이야. 내 마음이 중생이 되고, 내 마음이 시간 공간을 이루었다 이 말이야. 그게 자기다 그 소리야. 그게 하나야 둘이야? (대중이 '하나입니다.'라고 답함.) 그렇지. 꿈속의 나란 모습만 내가 아니고 꿈 전체가 나이듯이 우주 전체가 자기야. 자기 몸이야. 이것이 청정법신이란 거야.

전부 내 마음이니까 내가 걸어가도 걸어간 바 없고, 차를 타고 가도 부산이든 어디든 나 자체는 물론 차까지 포함한 전부가 내 마음 하나지? 내 꿈이지? 그게 실제 있는 게 아니다 그 소리야. 이 장소고, 시간이고, 아침, 낮, 저녁도 전부 자기 마음이야. 자기 하나뿐이니까. 그러니까 어디 거기 걸리겠느냐 말이야. 그런 모양이 나타나도 이것은 내 마음이라, 내 꿈이라 알고 만법에 자유자재하게 돼. 나만 살고 죽는 게 아니고 우주 생사 자체가 내 마음, 실(實)이 아니란 말이야. 꿈이니까, 나니까. 내가 달리 도를 안 닦아도 다 이루어져 있다 이 말이야. 이것이 '자성 가운데 만법이 다 있다.'는 소리야. 이렇게 공부하면 신통묘용이 다 갖춰져 있어. 이것을 선지식들은 '도적'이라고 그래. 다른 사람이 실컷 애써서 이룬 공덕이 다 내 마음이 지은 거거든? 자기는 손 하나 까딱 안 했는데 우주의 온갖 보배의 주인이 나다 이 말이야. 그러니까 우주의 도적 아니겠나? 이런 이치다 그 소리야. 그래서 부처님을 만법의 주인이라 한다 이거야. 주인이야 주인! 종이 아니고. 우주

운명의 주인! 인과법칙의 종이 아니고, 노예가 아니라 내가 인과
법칙의 주인이야. 그래서 만법이 있어도 환(幻)이지. 이 세상에 한
물건도 없는 거야. 내가 가든 오든 그런 경계가 없어. 내 마음이
스스로 만들어서 부산이다, 서울이다, 산이다, 강이다 그러는 거
야. 그대로 청정하다 그 말이야. 본래 부처다, 자기다 그 소리야.
이것을 스스로 공부를 해서 체득해야지, 생사를 벗어나는 법을
어떻게 말로 표현하고 설명해 주겠나?"

  법회를 마치고 법당을 나오자 비가 거의 개어 있었다. 도반 한
분이 아직 들어갈 곳을 찾지 못하고 답답해하시는 것 같아 그분
어깻죽지를 쿡 찔렀다. 이렇게 본래 있는 것은 배워서 아는 것도
아니고, 생각으로 헤아릴 수 있는 것도 아니다. 언제나 쿡 찌를
때마다 분명할 뿐 이것을 붙잡아 알 수는 없다. 알 수 없는 이것
을 의심하고 또 의심하다가 문득 회심의 미소를 지으실 수 있는
시절인연이 있기를 바랄 뿐이다. 날이 서늘하다.

50
만법이 자성 가운데 있으니

가을이 오는가 싶더니 막바지 무더위가 기승을 부린다. 부처님
께 삼배 올리고 가랑비가 오락가락 도량을 적시는 사이, 하나 둘
도반들이 모이고 예불을 모시고 스님께 법문을 들었다.

'자성이 미혹하면 부처가 곧 중생이요, 자성을 깨치면 중생이
곧 부처니라.'라는 경문을 들어 설명하시기를, "(손등이 위를 향하
게 손을 들어 보이며) 이것이 손이지? (이번엔 손바닥을 뒤집어 위로 향
하게 보이고) 이것도 손이지? 깨달으면 이렇고(손등) 깨닫지 못하면
이런(손바닥) 이와 같은 차이뿐이다 그거야. 다른 게 아니야."라고
하셨다.

"'만법이 다 자기의 성품 가운데 있다.' 그랬는데, 이 대목이 우
리가 생각해 볼 요긴한 대목이야. 자기 성품 가운데 모든 것이 다

있다는 소리는 시간과 공간, 예토(穢土; 더러운 땅)와 정토, 극락세계와 사바세계, 그런 것이 모두 내 마음이 만들어 낸 것이다 그 말이야. 내 성품 가운데 다 있으니까 그것은 내가 꾸는 꿈이란 소리와 같은 것이야. 꿈은 있지 아니하지? 자기지? 그래서 만법에 생명을 부여해서 객관적으로 그런 것이 존재한다고 생각하면 안 돼. 아들이고, 딸이고, 남편이고 실제로 있는 게 아니야. 나를 떠난 게 아니야. 자기야. 내 마음이 만든 거야. 나를 떠난 게 아니니까 나 하나야. 그러니까 만나고 헤어짐이 있어? 본래 우주의 모양은 자기, 지금 우리가 가지고 있는 이것, 마음 이것이란 말이야.

마음이라고 하니까 마음이란 것이 나를 떠나 따로 있는 것이 아니야. 나를 가리켜서 마음이라 이름 지은 것이다 그 말이야. 이 몸뚱아리가 내가 아니고. 그 마음은 자기니까 자기한테 있지. 언제든지 이것 하나야. 전부 나 하난데 만나고 헤어짐이 있겠나? 모든 있는 것은 꿈을 꾼 것과 같아. 꿈속에서 꿈인 줄 몰랐을 때는 있었지만 깨고 보니까 없지? 자기가 꾼 꿈일 뿐이야. 색, 수, 상, 행, 식, 오온이 다 공(空)했어, 꿈이야. 그런데 그것이 누구의 꿈이야? 내 꿈이니까 나지? 우주가 바로 자기다 그 소리야.

아들, 딸, 부모가 생겼다가 나고 죽지만, 내 몸뚱아리도 생겼다가 멸하지만 그런 일이 있어? 없어! 이 몸뚱아리 이대로 공이야. 이대로 도야! 몸을 없애서 도가 아니고. 그대로 다 나야. 언제든지 자기니까 두 모양이 있어? 이것을 깨치면 언제든지 내가 부처야. 처음도 부처요, 중간도 부처요, 끝도 부처야. 그리고 부처가 아니라고 해도 부처인 거야. 내가 아니라고 해도 자기다 이 말이야. 자기라 하는 것은 나와 너의 상대적인 자기를 말하는 게 아니야. 전체를 말하는 거야. 그 전체가 나를 떠나 있는 것이 아니니까 자기라고 하는 거야. 모든 만법이 자기 하나로 이루어졌어. 내 꿈이다 그 소리야.

본래 있는 자성 광명은 일찍이 어두워진 적이 없어. 내 부처도 언제든지 그냥 그대로 있었지 숨고 나타난 게 아니었어. 단지 내 망상 번뇌로 말미암아 스스로 가려져서 몰랐다 이 말이야. 나타나도 몰라. 지금 우주 가운데 해와 달이 있고, 낮과 밤이 있고, 이것이 그대로 진리인데 우리가 자기 자성인 줄 모르고 이것이 무엇인고 하고 있잖아? 못 깨달았다 하고. 우리가 닦아서 부처가 되는 것이 아니고 본래 부처다 그 말이야. 자기가 부처다 그 말이야. 자기는 본래 있단 말이야. 못 깨달았을 때도 내가 있고, 깨달았을 때도 내가 있는 거야. 본래 나 하나니까 이미 이루어져 있어. 전체가 나인 줄 내가 깨닫지를 못했어. 그래서 나를 객체로 삼아서 몸뚱아리를 나로 알거나, 정신이나 영혼을 나로 알아. 오고 가는 것은 진짜 내가 아니야.

나 하나 가운데 무슨 부처가 있고 중생이 있나? 부처 자체가 존재하지 않아. 그걸 여러분이 알아야 해. 나 하난데 부처인 나가 있고 중생인 나가 있나? 그건 미친놈이지. 자기 하나인 이치를 못 깨달았다 이 말이야. 그런 소견 가지면 아직 멀었어.

오매일여도 다른 소리가 아니야. 내가 견성 못 하면 구경이 아니다 이렇게 생각해. 이 말에 속아 가지고 오매일여가 되었느냐, 오매일여가 되어야 한다, 이따위 소리를 한다고. 무슨 놈에 오매일여가 있어? 그런 법이 있지 않아! 알겠어? 왜냐하면 나 하나뿐이니까 온갖 작용이나 이름이 내 꿈이지? 나지? 바로 나인데 따로 오매일여가 있고, 내외명철(內外明徹)[56]이 있고, 구경묘각이 있어? 다 헛소리야! 이런 데 속으면 안 돼. 이런 말들을 볼 때, 내가 깨닫지 못 하면 아니 돼. 왜? 전부 나뿐이니까, 우주가 내 꿈이니까, 이렇게 생각하란 말이야. 그런데 이런 내 말을 안 믿는 사람들이 수두룩해.

그런데 이 견성이란 것을 우리는 저 큰스님이 견성했다, 부처님이 견성했다, 이렇게 이야기하거든? 이것은 논리에 맞지 않는 말이야. 견성이란 것은 다른 사람이 견성한 것을 말하는 게 아니야. 견성이란 성품을 보았다는 말이 아냐? 그럼 누가 견성했느냔 말이야. 견성한 사람이 있어야 될 것 아냐? 견성한 사람 없이 견성했다고 하면 말이 안 되잖아? 다른 사람이 견성한 것은 진짜 견성한 것이 아니야. 다른 사람이 밥 먹은 것과 같은 이치야. 내가 견성해야 진짜 견성이야. 견성이 따로 객관적으로 존재하지 않는다니까! 왜 스님이 이렇게 자꾸 이야기하느냐 하면 모두 그렇게

---

56) 안팎이 사무쳐 밝음.

잘못 알더라 그 말이야. 내가 왜 자기 견성이 진짜 견성이라고 이것을 강조하는고 하니 이것을 빨리 인식해야 자기가 발심해서 공부할 수 있다 그거야."

51
깨닫느냐 못 깨닫느냐,
그것이 문제로다

추석 연휴 다음의 토요일, 가을 치고는 제법 무더운 날씨에 대덕사를 찾았다. 스님께 인사드리고 도반들과 차를 마시며 법문을 들었다.

"인간이 수행해서 만들 수 있는 것은 거짓이야. 본래 그렇게 되어 있다 그거야. 본래 그리 되어 있는 것을 어찌 수행해서 바꿔? 바꾸지를 못해. 본래 그리 되어 있다는 것을 자기가 깨닫는 것이야. 그것이 불교야.

생사 해결, 이것이 불법이야. 이것이 구경(究竟)이야. 생사를 해결하지 못했으면 불법이 아니야. 구경이 아니야. 왜냐하면 불법은 구경각이기 때문이야. 더 이상 위아래가 없는 것이야. 그래서 둘 아닌 이치로 들어가. 옳은 것도 없고, 그른 것도 없고, 만남도 없고, 헤어짐도 없고, 두 개가 없어져. 나와 너가 없어져. 상대적인 것이 다 없어져. 중생이 있으니까 부처가 있지, 중생이 없으면 부처도 없는 거야. 불법은 쌍망(雙亡)[57]하는 거야.

불법은 설상가상(雪上加霜)이야. 눈 위에 서리를 더한 것이야. 또 머리 위에 머리를 얹는 격이야. 머리가 이미 있는데 그 위에 왜 또 머리를 얹어? 그건 미친 짓 아냐? 말하자면 우리가 지금 미친 짓 하고 있는 거야. 본래 내가 부처인데 성불하려 하고 있구나, 내가 부처인데 이것을 못 깨달으니까 깨달으면 된다, 이렇게 마음먹고 공부를 해야 해. 간화선이고 뭐고 그런 것이 객관적으로 성립하는 것이 아니야. 방편은 구경에 내가 깨닫는 것이 목적이야.

경전을 보더라도 '경전을 보는 이것이 무엇인가?', 이것을 깨달아야 해. 어느 선사가 『화엄경』을 읽는 스님에게 '자네가 무엇을 보고 있는가?' 하니까, 『화엄경』을 봅니다.' 그랬거든. 그러니까 '아니, 보는 『화엄경』 말고 『화엄경』을 보는 놈이 무엇이냐?' 하니까 대답을 못했다고 그래. 『화엄경』을 보는 것을 알아야 해. 이것이 진짜 『화엄경』이야.

내가 깨달았느냐 못 깨달았느냐, 다만 이것이 문제로다. 살았느냐 죽었느냐가 문제가 아니라. 깨쳐 버리면 부처님이 돼. 모든 의심이 해결돼 버려. 무량겁의 생사 업이 해결돼 버려. 다시는 생

---

57) 둘이 없어져 하나가 됨.

사윤회에 들어가지를 않아. 들어가도 그런 일이 없어. 언제든지 자기니까, 자기 꿈속이니까. 자기 꿈이니까 자기 하나만 있지? 그러니까 나도 따로 없지. 언제든지 나니까. 그런 이치를 견성성불이라고 그래. 자기 성품에 있어. 자기다 그 소리야. 그것을 스스로 깨달으라고. 바깥에 있지 않아."

예불을 드리고 점심 공양을 한 후 오후에는 『육조단경』 법문을 들었다.

"무심(無心)이 도라고 하는데, 무심한 자기 마음자리를 깨달아야만 해. 일체가 있지 아니하고 환(幻)인 그 마음자리를 깨쳐야 하는 거야. 우주 삼라만상이 전부 내 마음이 만들어 낸 작용이야. 실제가 아니야. 자기 마음이란 말이야. 그렇다면 이 우주 천지 간에 예나 이제나 미래에 이르기까지 누구만 있어? (대중들이 '자기만 있습니다.'라고 답함.) 그렇지! 그것을 깨치는 거야. 나만 있으니까 내가 어찌 나를 몰라. 다른 게 없는데. 자기야. 그게 견성성불이야. 그런데 우리는 나 아닌 다른 것이 있고, 성불이 있고, 조사가 있고, 내가 알지 못하는 불법이 있고, 부처님의 비밀한 법이 있고, 이 따위로 아니까 점점 더 멀어지는 거야. 내 마음만 깨치면 일체가 다 내 마음이야. 그래서 앞의 부처와 뒤의 부처가 마음으로써 마음을 전한다 그랬어. 뭐가 있어야 전하지? 전할 게 없어.

한 법도, 한 물건도 없어.

우리는 부처 마음이 따로 있는 줄 알아서 찾아다닌단 말이야. 무량겁을 찾아 다녀도 있지 않아. 찾지 않아도 바로 자기였어. 내가 몰랐을 뿐이야. 왜냐하면 나는 태어나고 죽는 이것(몸뚱이를 가리키며)을 나로 알았거든? 한 생각 잘못되면 무량겁에 업보를 못 면해. 그래서 부처님께서 불쌍히 여기셔서 깨달으라고 하신 거야. 깨닫고 보니까 우주 천지가 모두 자기뿐이거든? 하나니까 오고 감이 있겠나? 나고 죽음이 있겠나? 두 법이 없지? 이 마음뿐이니까. 삼세제불도 이 마음이고, 전하고 받는 것도 이 마음이고, 그래서 이심전심했다, 마음으로써 마음을 전했다 그 말이야.

우주가 실제로 있는 것이 아니고, 그 있는 것이 바로 자기 마음이야. 그러면 우리가 어렸을 적부터 자라고 학교 다니고, 부모형제와 친구들과 어울린 것을 우리는 실제로 아는데, 그리고 그 속에 내가 있는 줄 아는데, 이제 관(觀)해 보니까, 실제가 아니고 내 꿈이었어. 자기 마음이었어. 인생 백 년 온갖 조화부리는 놈이 바로 이 놈이야. 자기 마음이 그렇게 나툰 것이지 다른 물건, 다른 사람이 아니다 그 말이야. 내 마음이 나툰 것이니까 진짜 있어? 없지? 그러니까 공(空)이라 한다 그 소리야. 공이라니까 없는 것을 찾아가면 아니 돼. 진짜 있는 게 아니고 실은 내 마음이었다 그 소리야. 있는 게 아니었다, 내 꿈이었단 말이야.

나 이외에, 이 마음 이외에 한 물건도 없다 그 소리야. 그래서 한 물건도 없다 하는 거야. 없다는 게 말 그대로 없다는 소리가 아니야. 우리가 개체라고 생각하는 그것이 있지 아니하다, 자성이 있지 아니하다 그 소리야. 그것을 공이라고 해. 있지 아니한데 오히려 없애려 한다면 그건 병에 병을 더하는 것이지? 깨닫지 못하고 무심하려고 하고, 공이라 하면 안 된단 말이야. 본래 나인데, 있는 것도 이것이요, 없는 것도 이것인데, 없는 것이 불법이라고 공하려고 하니, 그래서 앉아서 수행한다고 있으니 그게 되겠어? 그게 아니야. 불법은 본래 이루어져 있어. 인간이든지, 어떤 신이든지 조작해서, 수행해서 되지를 않아. 본래 나뿐이니까 무량겁을 수행해도 나지. 본래 부처님만 계시니까 무량겁을 수행해도 부처님 이 한 물건이란 말이야.

이 도를 깨치면 진짜 생사가 해결되고, 일과 이치가 둘이 아니야. 그래서 자유자재가 되는 거야. 이치로만 아는 것은 아니야. 실제로 그리 되어야 해. 본래 그리 되어 있어. 그런 이치를 봐야 하는 거야. 그것이 자기 성품을 깨닫는 거야. 괜히 하나라고 해서 다 나다, 내 꿈이다, 꿈을 깨라, 이 따위 것 같고 견성성불이라고 하는 게 아니야. 그건 비유로 들어 이야기해 준 거야. 결국에 가서 깨치지 않은 이상은 내 생사 해결이 안 되고, 내 죄업을 못 벗어나. 생사윤회를 못 벗어난단 말이야. 그래서 이 공부가 장난이 아니고 무섭다는 것이야. 말로 공부해서 알 것 같으면 불법을 모를 사람이 누가 있어? 온갖 경전과 온갖 큰스님들 법문에 통달해도 소용없어."

두 시간여 남짓한 법문 내내 스님께선 노상 자기 스스로 직접 깨닫는 것만이 진정한 불법이고, 참된 성불이라 강조하셨다. 거듭 반복되는 내용이지만 사실 불법의 핵심은 바로 자신의 깨달음, 자기 생사문제 해결이 아니겠는가? 일도양단(一刀兩斷)의 단순한 셈법이지만 참으로 자신의 모든 것을 걸고 애써야만 하는 것이 이 공부이다. 스님께 인사드리고 집으로 돌아가는 오솔길에 떨어지는 낙엽이 뼈저리게 무상(無常)을 일깨워 주고 있었다.

52

모르면 금, 알면 똥

환절기를 맞아 스님은 물론 여러 도반들도 콧물을 훌쩍인다. 법당 뜨락에 하늘하늘 코스모스가 한창이고, 주변의 나무들도 하나둘 붉게 물들기 시작했다. 점심 공양을 마치고 법당에서 스님께 『육조단경』 법문을 들었다.

"여기서 '모든 법이 자기의 성품임을 문득 깨닫고' 이랬어. 이게 불법의 핵심이야. 우주 만법이 내 마음을, 자기 성품을 떠나지 않았다… 아들, 딸, 손자고, 서울이고 부산이고, 시간과 공간 전체가 내 마음을 떠나지 않았다 그 소리야. 내 마음을 떠나지 않았으니 그것이 바로 자기야.

우리는 나고 죽음이 있는 줄 알잖아? 그것은 나를 몰라서 그래. 이 몸뚱아리가 자기인 줄 아니까 밤낮 어디가 아프다, 누가 돌아가셨다 그러는 거야. 몸에는 생멸이 있어. 생로병사와 온갖 고(苦)

가 있어. 그렇지만 '나'라고 하는 것은, 이름이 없는 그것은, 자성이라고 하는 그것은 본래부터 있었어. 본래 청정하다 그 말이야. 언제든지 하나야. 자성이란 게 따로 있다는 말이 아니야.

이 깨달음을 돈교법이라고 그랬어. 돈교법이라든지, 돈오법이라는 것이 있지 않아. 내가 깨닫는 것의 이름이 돈오, 돈교법이야. 그런데 왜 돈오, 돈교라 했느냐 하면, 내가 깨닫는 것이 무슨 차서(次序)가 있겠나? 내가 못 깨달아서 점점 닦는다고 말을 하나, 깨달을 때는 찰나간에 깨닫는 것 아니겠나? 그러니까 거기에는 돈과 점이 있지 아니하다 그 말이야. 그래서 '일초직입여래지', 한 번 뛰어서 여래의 지위에 들어간다, 또는 '돈오', 몰록 깨닫는다, '돈교', 몰록 깨닫는 가르침이다, 이렇게 이야기해. 그런데 이게 다 말과 글이지? 자기가 깨닫는 일 바깥에 따로 돈교, 돈오법이 있지 아니해. 그러니까 돈법이 옳네, 점법이 옳네 싸우는 일은 어리석은 일이야.

'법에는 돈과 점이 없다.' 법이 뭐야? 자기 마음, 부처라고 하는 것, 그것을 법이라 이름한 거야. 그것이 몇 개야? 하나지? 하나 가운데 빠르고 늦는 게 있겠어? 자기 마음뿐이다, 자기라는 소리야. 말하자면 부처님뿐이란 소리야. 그런데 못 깨달았으니까 사람에게는 영리하고 둔한 사람이 있다 그 말이야. 그러나 깨달았다고 해도 나이고, 못 깨달았다고 해서 내가 아닌 다른 것이 아니야. 언제든지 나 하나란 소리야.

본래 불성은 부처가 있고 중생이 있지 않아. 성불이 있지 않아. 그러니까 중생도 있지 않아. 이것이 본래 깨달음이야. 이렇게 되지 않으면 그건 견성이 아니란 소리야. 두 개가 있지 않아. 모르면 금이고 알면 똥이란 법문이 있어. 모르니까 부처가 거룩하다고 여기거든? 그런데 깨쳐 보니까 부처란 것도 없거든? 이미 자기가 부처니까. 그래서 알면 똥이라고 그래."

53
스스로 깨달아야 한다

초하루 법회가 있는 날이어서 평소보다 늦게 『육조단경』 법회가 열렸다. 한 달에 한 번 절에 와서 예불을 모시고 기도하고 축원하는 사람도 얼마 되지 않지만, 정말 생사 없는 이 공부에 발심하여 간절히 도를 닦는 이는 드문 게 현실이다.

"우리가 직장에서 일하거나 일상생활을 하잖아? 이것을 떠나서 따로 부처님의 지위에 가는 것이 아니고, 그 속에서 그것이 그대로 부처님세계다 이 말이야. 반연(攀緣)[58]을 떠나지 않고 '초연히 불지(佛地; 부처님의 지위)에 이른다' 이 말이야. 그런 것을 떠나서 조용한 부처의 세계, 삼매의 세계, 망상 번뇌 없는 세계에 도달하는 것이 아니고, 망상 번뇌 많은 세상에 살면서, 보고 듣고 하는 이런 인연 속에서, 그대로 이것이 부처님 삼매의 세계다 그

---

58) 대상에 의해 마음이 움직임. 대상에 의해 일어나는 마음의 혼란.

말이야. 구경에 내가 깨달아 부처가 된다는 소리야. 모든 것의 낙처는 자기 견성에다 두고 공부해야 해.

무념(無念)은 아무리 생각을 일으켜도 그게 본래 없다는 소리야. 있는 게 아니야. 마음이 없어. 우리는 마음이 있다고 하지만 실은 그런 마음은 없어. 우리는 나란 것이 있고, 마음이 있어서 생각을 한다고 하지만, 그렇게 했을지라도 그것이 자기가 꾸는 꿈일 것 같으면, 실제로 그와 같은 일이 있나? 꿈은 진짜가 아니지? 그와 같은 이치다 그 말이야. 생각이 없어서 무념이 아니고, 생각을 아무리 일으키고 할지라도 그 근본이 생각이 없는 거야. 이것을 공부하는 사람들이 잘못 이해하거든? 그래서 생각 없는 것으로 마음을 지켜서 선정 삼매에 들어서 불법이다 그러거든? 그건 큰 잘못이야. 그러면 돌이나 나무와 똑같을 것 아냐. 그것은 무기(無記)를 이루어 버려.

여기서 '무념으로 종(宗)을 삼는다.' 하는 것은 근본이 마음이 없는 거다 그 소리야. 마음이다 생각이다 하지만 그 근본이 없는 거야. 생각이 없다는 게 아니야. 생각 없는 사람이 세상에 어디 있어? 그런데 생각을 없애는 것으로 수도(修道)를 삼는단 말이야? 그러면 크게 잘못하는 거야. 망상 번뇌 이대로, 부처님 마음 이대로, 그것이 꿈이야. 있지 않아. 꿈꾸는 것은 있잖아? 그렇지만 그 것이 꿈이니까, 나 혼자니까, 내 마음 작용이지? 그러니까 온갖 생각을 일으켜도 내 마음이 하는 것이니까 다른 물건이 없지? 그래서 이것이 무념이단 말이야. 그러니까 무념이란 것이 따로 있지 않아. 그런데 우리는 무념으로 종지를 삼는다고 하니까, 마음 없고 생각 없는 것을 무념으로 알거든? 큰 잘못이야.

구경은 이런 말 갖고 되는 게 아니야. 이건 아무 힘이 없어. 자기가 진짜 깨달아야 생사가 없어지고, 경계에 부딪혀도 우리는 그게 진짜인 줄 알지만 깨친 사람은 그것이 환(幻)이란 말이야. 그래서 아무리 온갖 경계 속에 있어도 속지 않아. 더러운 세계에 있어도 물들지 아니하고 저 생사에 자유자재하단 말이야. 그것은 진짜 깨쳐야 그리 돼. 깨달으면 부처니까 한번 부처면 영원한 부처지. 그래서 구경엔 자기가 깨달아야 한다 이 말이다.

무념, 무상(無相), 무주(無住)를 말했지만 이것도 실은 이름이지. 나 하나를 말할 수 있어? 모양 그릴 수 없고, 말할 수 없고, 표현할 수 없지? 마음을 벌써 움직이면, 입을 열면 벌써 그르쳤다는 거야. 이것 하나는 끝까지 이것인데? 말해도 이것인데? 표현할 길이 없다 그 말이야. 스스로 깨달아야 해."

54

가장 큰 사기

스님과 대중이 함께 차를 마시며 담소를 나누다 최근 한 유명한 보험 상품의 사기 사건이 화제가 되었다. 그러자 스님께서 이렇게 말씀하셨다.

"사람이 자기가 진정 누구인지 알지 못하고 살아가는 것이 가장 큰 사기를 당한 것이다."

55
무념으로 종宗을 삼는다

법당 앞 오동나무 잎이 우수수 떨어져 온몸으로 인생무상을 설하는 토요일, 스님을 찾아뵙고 법문을 들었다.

"무념(無念)이라고 해서 아무 생각 없이 그냥 멍청하게 가만히 있는 것을 무념이라 하는 게 아니야. 우리가 보고 듣고 말하고 작용하면서 사는 것이 그대로 하나의 작용, 내 자성의 작용이야. 누가 보고 듣고 말해? 내가 그러는 거야. 보는 경계나 듣는 것, 다른 사람이 말하는 것, 내가 스스로 깨닫고 아는 것, 이런 일체가 하나야. 내 자성 하나가 만들어 내는 거야. 이 우주, 해와 달, 지구와 각 나라, 봄 여름 가을 겨울, 과거 현재 미래, 이것도 내 자성이 만들어 낸 거야. 불법이라는 것은 두 개가 없어. 두 개란 상대되는 것, 있다/없다, 좋다/나쁘다, 이런 것이 있지 않아. 그것이 무념이야. 그래서 생각을 일으켜도 일으킨 바가 없어. 왜냐하면 본래부터 두 모양이 없기 때문이야. 하나의 모양이야.

기독교에서도 태초에 하나님만 있었다고 하면, 그 하나님으로부터 만들어진 피조물도 모두 하나님이야. 예수가 그걸 깨달은 거야. 하나님은 성령(聖靈), 혼, 마음인데, 예수가 말하기를, 하나님이 내 안에, 내가 하나님 안에 있다 그랬어. 그러니까 전부 같다, 하나란 소리야. 부처님이 깨닫고 보니까, 일체 중생이 다 불성(佛性)이 있다 그랬어. 그 소리는 전부 자기, 부처란 말이야. 그런데 우리는 항상 나를 빼놓고 하나님과 부처님을 이야기해. 그래서 두 개가 되는 거야. 나를 빼놓고 우주를 이야기하고, 나를 빼놓고 아버지 어머니를 이야기해. 그러니까 진리를 모르는 거야. 저 놈은 나쁜 놈이고 이 놈은 좋은 놈, 이것은 행복이고 저것은 불행이다 이래. 이것은 산 것이고 저것은 죽은 것이라 그래. 그 원인은 나를 빼놓고 이야기하기 때문에 바깥의 것을 객관적으로 있는 진짜로 만들어 버려.

꿈을 꿀 때 꿈속에서 나란 모양이 하나 있지? 그것을 자기로 알고 다른 사람과 구분해. 현실하고 똑같아. 그래서 꿈꾸는 줄 몰라. 꿈속에서 내가 누구를 만나고 이야기를 하고 무슨 일을 겪었는데도 깨고 나면 누구만 있어? 자기만 있지? 그러고는 꿈을 꿨다 그러잖아? 꿈속의 내 모양 하나만 내가 아니지? 꿈 전체가 다 자기잖아? 그것들은 진짜가 아니라 나 하나다 이 말이야.

그런데 우리는 지금 백 년 사는 이것(몸뚱이)을 나로 알고 시간과 공간이라는 개념의 예속(隸屬)을 받아서 내가 보고 듣고 말하고 생활하는 것을 진짜로 안단 말이야. 그건 못 깨달아서 그런 거야. 깨달으면 꿈을 깬 것처럼 본래 하나로 돌아가. 나로 돌아가. 나 하나뿐이야! 이것을 깨닫는 거야. 부처님이 턱 깨치니까 자기 하나거든? 이때까지 자기가 수행하고 살아온 것이 꿈이었단 말이야. 우주가 있는 게 아니야. 우주도 내 꿈이야. 나만 있어. 이것이 부처님이고 하나님이야. 이것이 자기야. 이 자기를 깨달아라 그 말이지, 나고 죽는 나를 깨달으란 소리가 아니야.

나 하나뿐이니까 거기에 남자, 여자가 있겠나? 몸뚱아리가 있어? 전체가 내 몸이지, 내 몸 아닌 게 없지. 그러면 마음이 따로 있어? 없지? 몸뚱아리하고 마음은 이중적이란 말이야. 그런데 전체가 이것뿐이니까, 몸뚱아리도 이것이고 마음도 이것이야. 작용하고 움직이는 것도 이것이니까, 나 하나뿐이면 가고 오고 한 적이 있어? 꿈이지, 꿈! 그래서 우리는 우주 삼라만상을 진짜로 아는데, 내 모양을 포함해서 전체가 하나, 나 혼자 꾸는 꿈이야. 이것이 무념이라 하는 거야. 무념을 부처라 해도 돼. 또 마음이라 해도 되고 자기라고 해도 되는 거야.

백 년이라 삼만 육천오백 일, 온갖 조화부린 놈이 바로 이 놈이야. 바로 자기 하나야.

우리가 보고 듣고 작용하고 이야기하고 온갖 생각을 일으켜도 그런 바가 없어. 언제든지 나 하나니까! 그래서 이것을 마음이 없다[無念] 이렇게 말해. 그건 일체가 다 마음이다 하는 소리와 같은 것이야. 마음뿐이다[唯心] 하는 소리와 같은 거고. 그러니까 무엇이라 이야기하든지 만법귀일, 진리 하나로 돌아가. 우주가 나 하나, 내 마음이니까 우주의 주인이 바로 나야.

깨달은 경지가 없지만 있어. 왜 있냐? 지금 못 깨달았으니까 있는 거야. 깨달아 버리면 깨달음이 있겠어? 없지! 부처님이 되었는데 어찌 다시 부처님이 되겠나? 온 우주가 나 하나로 이루어져 있고 모든 만법이 여기서 다 나온 거야. 온 우주가 나 하나로 이루어져 있으니까 나를 벗어나 있나? 벗어날 수 없지? 홀로 성립되는 것은 없다 그거야. 객관적으로 있는 게 없어. 나를 벗어난 게 아니니까. 우리가 객관성을 이야기할 때는 나를 벗어난 것이어야 상대되잖아? 그런데 그런 것이 있을 수가 없어. 나 하나뿐이니까. 그래서 죄를 지었다고 겁내지 말고 좋은 일 했다고 해서 기뻐할 것도 없어. 언제든지 똑같으니까. 나한테 스스로 속으면 안 돼. 이 우주가 내 꿈이고 환(幻)이야.

요즘 스님들이나 공부인들 가운데 대승불교가 복잡하고 견성을 못 하니까, 초기 불교라 해서 부처님 당시의 맨 처음 불법으로 돌아가자 이런다고 하거든? 천만의 말씀이야. 부처님 당시가 맨 처음이 아니야. 지금 내가 있는 이것이 맨 처음이다 이 말이야. 부처님이 2천 5백 년 전에 출현하셔서 설법을 했다고 하는 것을 사실로 받아들인다면 그것은 공부를 안 한 사람이야. 지금 모든 것이 자기라고 했지? 그렇다면 과거도 자기, 내 꿈이고, 현재도 내 꿈이고, 미래도 내 꿈, 자기 마음이지? 2천 5백 년 전에 석가모니 부처님이 영산회상에서 설법하고 가신 것이, 그 팔만대장경이 이 마음이야. 그러니까 과거가 있을 리가 없지? 과거가 있다고 한다면 그 사람은 벌써 과거와 현재, 나와 부처님, 이렇게 두 개로 나누었기 때문에 정법이 아니야. 불법이 아니야. 미래의 미륵 부처님도 마찬가지고, 죽어서 극락세계 아미타 부처님께 간다는 것도 불법이 아니야. 두 개가 되어 버리잖아! 그런 엉터리에 속아서는 안 돼.

육조 스님이 말씀하신 무념은 부처님 지위의 무념이라고 성철 스님이 설명했거든? 그 부처란 게 무엇이냐? 부처의 지위란 게 뭐야? 바로 내 성불을 말한 거야. 내가 깨달아서 부처가 되어야 그것이 진짜 무념이다 그것을 말한 거야. 부처님 지위의 무념이란 말이 아니고! 그런 것이 있다고 생각하면 안 돼. 나를 떠나서 무엇이 있다고 생각하면 안 된다는 소리야. 이 자성을 떠나서 설하는 것은 모두 가설(假說)이라고 그랬어. 인간은 자기를 놔두고 바깥으로 해와 달을 이야기하고 부처를 이야기해. 그것은 큰 잘못이야. 그러면 객관적인 진리가 성립하겠나? 어떤 진리가 있어도 그것이 나를 통해서 받아들여지잖아? 극락과 지옥도 내가 있으니까 성립되는 게 아냐? 나를 통하지 않으면 성립이 안 돼. 그러니까 바깥 모양에 속지를 마. 그러니까 육조 스님이 말하는 무념은 말로 하는 무념이 아니고, 내가 깨달아야 부처님 지위의 무념이다, 내가 깨달아야 그 무념이 성취된다 그 이야기야.

얻고 잃음이 없는 경지가 따로 있는 줄 알면 안 돼. 언제든지 나 하나니까 뭐든지 나를 벗어난 게 없지? 그러니까 얻은 바가 있겠어? 없지? 그리고 전부 나니까 버리는 게 있어? 그러니까 이 도는 얻으려야 얻을 수 없고 버리려야 버릴 수 없는 거야. 그래서 한 번 깨달으면 끝나 버리는 거야. 우리는 부처가 되려야 될 수가 없고 죄를 지으려야 지을 수가 없어. 나 아닌 것이 있을 수 없으니까! 언제든지 나 하나니까! 이것을 스스로 깨달아야 해.

꿈을 깨서 자기로 돌아오는 것이 견성이야. 나로 돌아오지 않으면 삼세제불이 되어도 소용없어. 바깥으로 쫓아가서 되는 것은 진짜가 아니야.

무념을 세워 종(宗)을 삼는다는 말은 본래 마음이 없다는 말이야. 모든 경계가 있어도 그것이 실제로 있는 것이 아니야. 그래서 우리가 산은 산이요, 물은 물이라고 구분할지라도 그런 바가 없어. 마음이 없으니까. 언제든지 부처니까. 자빠져도 부처고, 앉아 있어도 부처야."

56
이뭣고 하는 법

스님께서 매주 공부 지도를 받으러 오는 한 보살에게 물으셨다.

"요새 이뭣고 하고 있나?"

"예, 그런데 잘 안 됩니다. 이뭣고, 이뭣고 하다가 놓치는 경우가 많습니다."

"이뭣고는 그렇게 하는 게 아니야. 그렇게 하는 것은 관세음보살, 관세음보살 하고 염불하는 것과 같아. 화두는 그렇게 하는 게 아니야. 화두는 의심하는 거야. 쉽게 이야기하자면, 내가 어떤 물건을 찾는데, 말로 '그 물건을 어디에 뒀더라? 그 물건을 어디에 뒀더라?' 하고 자꾸 외울 필요가 있겠나? 그 말과는 상관없이 오직 그 물건을 찾으려는 마음이 주욱 이어지지 않나? 말로

243

하자니 '이뭣고?'라고 하지만 그 말을 외우는 것이 화두하는 것
이 아니야."

57
일체만법이 나의 꿈

절 주위의 풍광이 점점 빛을 잃어가는 가을, 몇몇 도반들과 함께 스님의 법문을 들었다.

"일체 만법을 환(幻)으로, 꿈으로 보라고 했지? 꿈이니까 진짜가 아니지? 불법도, 바른 법도 꿈이야. 실(實)이 있는 게 아니야. 색수상행식, 모양으로 나타나도 진짜가 아니야. 언제나 하나니까, 두 모양이 없으니까 '좋다, 나쁘다' 경계에 집착하며 살아서는 안 된단 말이야. 그래서 무념으로 종(宗)을 삼는다 그랬어. 끄달리지 않고 물들어 더럽혀지지 않는다 그 말이야. 무념이 뭐라고 글로 읽고 외우기만 할 것이 아니라, 실제 내 생활상에 있어서 좋아하고 싫어함이 없어야 해. 좋은 것도 꿈이고, 나쁜 것도 꿈이야. 내 부모형제 아들딸도 똑같은 거야. 심지어 내 몸뚱아리도 꿈, 꿈속의 내 모습 하나지 이것이 진짜로 있는 게 아니란 말이야.

모양은 진짜가 아니야. 그렇다면 뭐가 진짜야? 자기라는 이것, 이것이 진짜야. 왜냐하면 이것만 있으니까. 진짜라고 해도 이것만 있고, 진짜가 아니라고 해도 이것만 있어. 유념(有念)이니 무념(無念)이니 뭐라고 해도 관계없어. 이것은 언제든지 있다 그 말이야. 예를 들면, 이 우주라는 것, 시간과 공간, 부처님세계, 인간세계, 이것이 우주를 벗어날 수 있나 없나? 온갖 역사 속에 나라들이 생겨나고 갈라져도 이 우주 속에서 우주를 못 벗어나지? 우주 속에 우주 아닌 게 없지? 우주는 하나다 이 말이야. 그 하나는 하나, 둘의 상대적인 하나를 말하는 게 아니라, 전체, 우주뿐이다 그 말이야. 우주가 생기기 이전도 우주고, 생긴 다음도 우주고, 우주가 멸해도 우주야. 이름을 우주라 한 것이지 한 물건이지? 이 한 물건뿐이야. 나도 우주 가운데 있으니까, 나도 우주야. 내가 있건 없건, 살았건 죽었건 우주를 벗어날 수 없지? 내가 지금 우주 가운데 있으니까. 그런데 우주는 하나뿐이니까 나까지 포함해서 하나지? 그러니까 나 하나라는 게 이 몸뚱아리, 이것을 하나라 하는 게 아니고, 세상 사람들은 깨닫지 못해서 이것을 자기 하나라 하는데, 우주가 따로 있는 게 아니고 우주 전체가 자기더라 이 말이야. 우주 전체가 바로 나야. 그러면 나 아닌 게 있어? 일체가 나다, 일체가 마음으로 이루어졌다 이 말이야. 그것 하나를 가리켜서 부처라고 했어. 부처밖에 없으니까.

우리가 꿈을 꾸고 있는 거야. 꿈꿀 때는 꿈인 줄 모르고 진짜인 줄 알지? 꿈을 깨고 보니까 '아, 내가 꿈을 꿨구나.' 하고 알잖아? 우주 삼라만상이 실제로 있는 게 아니고, 나 하난데 이 온갖 변화는 내가 꾸는 꿈이야. 나밖에 없으니까. 그래서 이 모든 법이 구경에 나로 돌아와야 해. 나로 돌아온다는 말은 내가 성불해서 부처님이 되어야 한다는 말이야. 일체 만법이 나 하나로 돌아온 것이니까 만법이 있어 없어? 없지? 나 하나니까? 한 사람만 있단 말이야. 시간과 장소가 있다고 해봐야 바로 그 사람일 것 아냐? 우주에서 일어나는 온갖 변화가 다 자기야. 자기뿐이니까. 우리는 내가 있고 우주가 있다, 이렇게 생각하는데, 꿈꿀 때 꿈속의 내 모습이 있고 꿈속의 세상이 있잖아? 그런데 깨고 보면 누구만 있어? 나만 있지? 그렇다면 꿈 전체가 누구였어? 꿈속에 다른 사람이 있고 세상이 있었지만 실은 그것이 모두 나 하나였단 말이야. 우주의 이치가 이와 같아. 전부 자기 하나야. 하나라면 부처가 따로 있어? 중생이 따로 있어? 우리가 성불한다고 이야기하지만 그것도 다 거짓말이야. 나고 죽고 만나고 헤어진다고 하지만 하나니까 조금도 그런 일이 없지? 본래가 그런 일이 없어. 그것이 무념이라 하는 거야. 마음 없다고 하는 거야. 두 개가 생기지 않는다 그 소리야. 본래 하나니까 영원히 하나야. 본래 나뿐이니까 영원히 나다 그 소리야.

이 무념이라 하고, 불이법이라고 하는 이 한 이치만 깨치면 성불하는 거야. 그런데 우리는 그것을 모르니까 화두를 들고 의심하라고 했지? 그러니까 화두만 깨치면 그 자리에서 성불이야. 본래 부처인데 내가 그것을 모를 뿐이야. 꿈꿀 때는 꿈인 줄 모르잖아? 깨고 보니까 누구야? 나인 것을 누가 이야기 안 해 줘도 스스로 다 알지? 꿈꿨다고 알지? 그와 같이 된다 이거야. 그런데 왜 못 깨닫느냐? 아직 꿈을 못 깼으니까 꿈인 줄 모르지. 이 세상에는 삼세제불과 온갖 것이 다 있지만 실은 자기 하나만 있는 거야. 그렇다면 다른 모양들은 뭐냐? 내가 있으면 다른 모양들은 내가 꾸는 꿈이란 말이야. 내가 만든 변화 작용이야. 우주, 시간과 공간까지도. 만법이 다 내가 만든 거야. 나 하나뿐이니까, 마음도 없다고 그러는 거야. 그리고 나라는 것도 따로 있는 게 아니지? 나 있는 게 있으면 나 없는 게 있잖아? 있고 없는 전체가 나 하나니까 내가 따로 있는 게 아니다 그 말이야. 그 자리는 말로 설할 수 없고 오직 자기가 깨달아야 해."

58
마음 바깥은 무엇이냐

스님께서 예전 향곡 스님 회상에서 정진(精進)하실 때의 일화를 들려주셨다. 스님께서 하루는 조실 스님을 찾아뵙고 이렇게 말씀드렸다 한다.

"모든 것이 마음입니다."

그러자 향곡 스님께서 다음과 같이 되물으셨다.

"그렇다면 마음 바깥은 무엇이냐?"

스님께선 "그것도 마음입니다."라고 대답했다 하셨다.

그런데 지금은 그렇게 대답하지 않을 것이라 하시면서, 어떻게 대답하면 좋겠느냐고 법회에 참석한 대중들에게 물으셨다.

각자 한 마디씩 대답을 내놓았으나 스님께서 원하는 답이 나오지 않았다. 그래서 대중 가운데 한 사람이 스님께선 어떻게 대답하시겠느냐 여쭈자 스님께선 이렇게 말씀하셨다.

"자기입니다."

59
불법과 마구니법

차를 마시다가 스님께서 말씀하셨다.

"위로 이루어야 할 부처가 있다거나, 아래로 구제해야 할 중생이 있다고 한다면, 그것은 불법이 아니라 마구니법이다."

60
공부 점검을 위한 세 가지 화두

다른 도반들이 바빠서 법회가 없던 날, 오랜만에 스님과 단 둘이 마주 앉아 차를 마시며 법문을 들을 수 있었다. 스님 법문의 골자는 둘이 아닌 법, 만법이 곧 자기임을 깨달아 본래 있는 자기에게 돌아오는 것이다. 여러 가르침을 주셨는데, 그 가운데 스스로 공부를 점검할 수 있는 화두 세 가지를 제시하셨다.

첫째, 세존께서 도솔천을 떠남 없이 이미 왕궁에 내려오셨고, 어머니의 태(胎)에서 나오시기 전에 사람들을 모두 제도해 마치셨다 한다. 어째서 그러한가?

스스로 착어(着語)[59]하시기를, "사해(四海)와 오호(五湖)가 왕의 덕화(德化) 속이다."라고 하셨다.

---

59) 고칙(古則)이나 송고(頌古)의 일부분에 대한 짧막한 해설이나 비평.

둘째, 어떤 중이 조주 스님에게 하직 인사를 하니 조주가 말하였다.

"부처님 계신 곳에는 머물지 말고 부처님 안 계신 곳은 얼른 지나가서 3천 리 밖에서 사람을 만나거든 잘못 말해서는 안 되느니라."

그러자 중이 말하기를, "그렇다면 떠나지 않겠습니다."라고 하였다.

이에 조주 스님이 "버들꽃을 꺾고, 버들꽃을 꺾어라."라고 말했다. "버들꽃을 꺾고, 버들꽃을 꺾어라."라는 말이 무슨 뜻인가?

스스로 착어하시기를, "적과후장궁(賊過後張弓)이다. 도적이 지나간 후에 활을 당긴다."라고 하셨다.

셋째, 옛날에 어떤 노파가 한 암주(庵主)를 20년 동안 공양하였는데, 항상 딸에게 밥을 보내 시봉을 했다. 어느 날 딸로 하여금 스님을 꼭 껴안고 "이럴 때 어떠하십니까?"라고 묻게 하였더니, 암주가 "고목이 찬 바위에 기대었으니 추운 겨울에 따뜻한 기운이 없다."고 말하였다. 딸이 돌아와서 노파에게 이야기를 하니 노파가 "내가 20년 동안 겨우 속한(俗漢)을 공양했구나!" 하고는 암자를 불살라 버렸다. 과연 어떻게 대답을 했어야 할까?

스스로 착어하시기를, "재범불용(再犯不容). 다시 범함을 용납지 않는다."라고 하셨다.

자기에게 돌아오라

초판 1쇄 발행일 2014년 5월 17일
    3쇄 발행일 2022년 2월 10일

엮은이 심성일

펴낸이 김윤
펴낸곳 침묵의향기
출판등록 2000년 8월 30일, 제1-2836호
주소 10401 경기도 고양시 일산동구 무궁화로 8-28,
    삼성메르헨하우스 913호
전화 031) 905-9425
팩스 031) 629-5429
전자우편 chimmukbooks@naver.com
블로그 http://blog.naver.com/chimmukbooks

ISBN 978-89-89590-44-6 03220

*책값은 뒤표지에 있습니다.